DELIUS KLASING

Paul Glatzel

HANDBUCH FÜR MOTORBOOTFAHRER

Delius Klasing Verlag

Die englische Originalausgabe mit dem Titel »RYA Powerboat Handbook, The RYA's Complete Guide to Powerboating« erschien 2005 bei The Royal Yachting Association, Southampton.
Diverse Abbildungen wurden mit freundlicher Erlaubnis des United Kingdom Hydrographic Office, Piplers of Poole, Marinautic, Cobbs Quay Marina, The Met Office verwendet.

Bibliografische Information der Deutschen Nationalbibliothek
Die Deutsche Nationalbibliothek verzeichnet diese Publikation in der Deutschen Nationalbibliografie; detaillierte bibliografische Daten sind im Internet über http://dnb.d-nb.de abrufbar.

2. Auflage
ISBN 978-3-7688-1901-5
Die Rechte für die deutsche Ausgabe liegen beim
Verlag Delius, Klasing & Co. KG, Bielefeld

Übersetzung aus dem Englischen und deutsche Bearbeitung: Christian Tiedt
Herausgeber: Simon Jinks und Jon Mendez
Titelfoto: Morten Strauck
Fotos: McMurdo, Piplers of Poole, Marinautic, Garmin, Icom, RNLI, Motor Boats Monthly, Scorpion RIBs, Tim Bartlett, Amberley Marine, Jon Mendez, PPL, Paul Mara, Laurence West und Raymarine
Zeichnungen: Pete Galvin
Layout: Gabriele Engel
Umschlaggestaltung: Ekkehard Schonart
Druck: DZA Druckerei zu Altenburg GmbH, Altenburg
Printed in Germany 2012

Delius Klasing Verlag, Siekerwall 21, D - 33602 Bielefeld
Tel.: 0521/559-0, Fax: 0521/559-115
E-Mail: info@delius-klasing.de
www.delius-klasing.de

Inhalt

Einleitung

Motorboot fahren ist ein außergewöhnliches Hobby! Je nach Bootstyp kann es dabei sehr schnell zugehen, Spaß macht es aber immer. In den vergangenen Jahren ist die Schar der Begeisterten stetig gewachsen – und mit ihnen die Anzahl der Boote auf dem Wasser. Entsprechend wichtig ist es, dass jeder Einzelne über das nötige Theorie- und Praxiswissen verfügt, um den Sport für alle Beteiligten zu einer sicheren Sache zu machen.

Egal ob Sie noch Anfänger sind oder schon reichlich Erfahrung mitbringen – dieses Handbuch wird Ihnen dabei helfen, Ihre Kenntnisse aufzufrischen und zu vertiefen.

Alle Sportboote verhalten sich nach den in diesem Buch geschilderten Prinzipien. Ob Sie nun im kleinen, offenen Boot die Küste entlangjagen wollen oder lieber gemütlich über die Kanäle schippern möchten, Boot und Crew müssen immer nach den gleichen Richtlinien vorbereitet werden. Und auch für die meisten Fahrmanöver gelten die gleichen Regeln – egal ob Sie nun mit dem Gleiter oder Verdränger unterwegs sind, egal ob binnen oder buten. Obwohl es nicht möglich ist, jeden Einzelfall zu berücksichtigen, möchten wir Ihnen mit diesem Buch dennoch einen Leitfaden in die Hand geben, der es Ihnen ermöglicht, jede Situation richtig einzuschätzen und entsprechend zu handeln.

Sicherheit und gute Vorbereitung (sowohl des Bootes als auch aller Personen an Bord) sind die beiden entscheidenden Punkte, bevor Sie ablegen. Sie müssen sich über die Route und ihre Besonderheiten schon vorher genau im Klaren sein. Treten dann unterwegs unvorhergesehene Situationen ein, reduzieren Sie die Geschwindigkeit, um die Lage einschätzen und durchdenken zu können. Ihr Ziel sollte sein, immer so vorausschauend zu fahren, dass Sie bereits erahnen können, was als Nächstes auf Sie zukommen könnte.

Um ein umsichtiger Motorbootskipper zu werden, kommt es auf die richtige Mischung von Erfahrung, Training und gesundem Menschenverstand an.

Erklärung der Symbole

- Fahrtstrecke
- Fahrt voraus
- Fahrt achteraus
- Maschine ausgekuppelt (Leerlauf)
- Strom
- Windrichtung
- Wellenrichtung
- Bewegungsrichtung des Bootes
- richtig
- falsch

Teile eines Bootes

Festrumpfschlauchboot

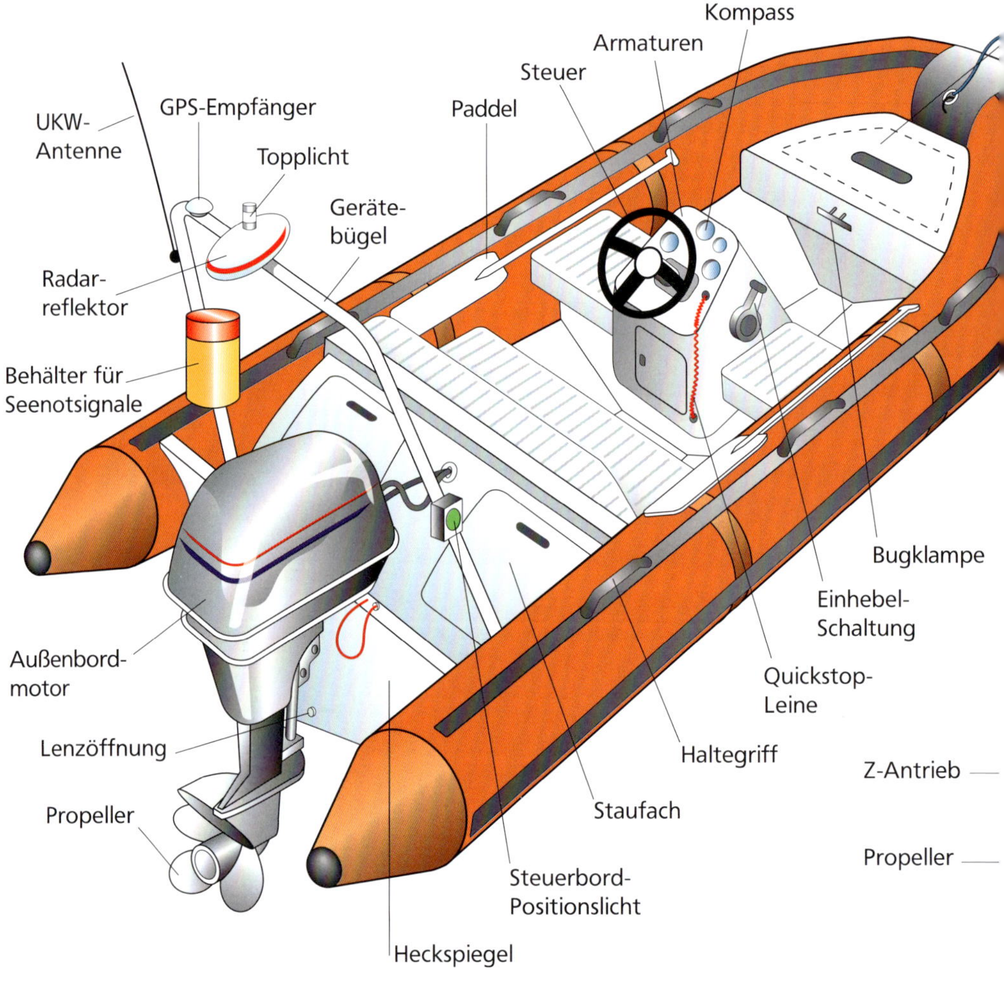

Kajütboot

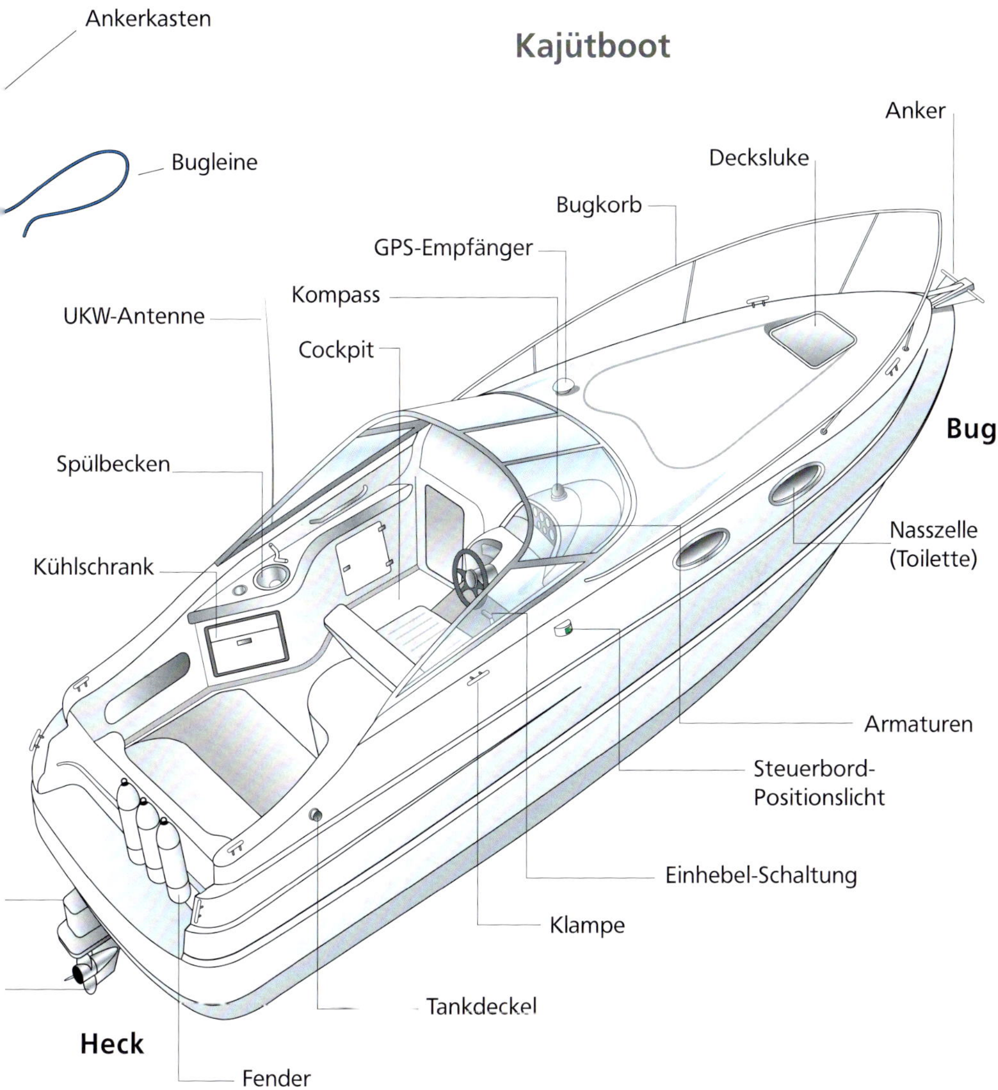
Ankerkasten
Bugleine
Anker
Decksluke
Bugkorb
GPS-Empfänger
Kompass
UKW-Antenne
Cockpit
Bug
Spülbecken
Kühlschrank
Nasszelle
(Toilette)
Armaturen
Steuerbord-
Positionslicht
Einhebel-Schaltung
Klampe
Tankdeckel
Heck
Fender

Bootstypen

Sie können mit einem 4-m-Boot problemlos genauso viel Spaß haben wie mit einer großen, zweimotorigen Motoryacht. Für welchen Typ Sie sich entscheiden, sollte davon abhängen, wo und wie Sie Ihr Boot benutzen möchten. Probleme werden Sie nur dann bekommen, wenn Sie mit dem Boot etwas anderes vorhaben als das, wofür es gebaut wurde, oder es bei Seegangsbedingungen einsetzen, die den Entwurf schlicht überfordern. Überlegen Sie sich also vor dem Kauf genau: Was will ich wo mit dem Boot machen?

Bevor Sie sich für einen Bootstyp entscheiden, sollten Sie eine Reihe von Punkten bedenken:

- Was wollen Sie mit dem Boot machen? Ein Boot, das zum Fischen auf offener See gebaut wurde, kommt etwas anders daher als ein schnelles Wasserskiboot. Die meisten Sportboote sind bereits für einen speziellen Verwendungszweck entworfen worden, und dementsprechend sollten Sie auch Ihre Wahl treffen.
- Auf welchen Revieren werden Sie unterwegs sein? Wo Sie fahren wollen, ist immer ein entscheidender Faktor beim Kauf. Spielen die Elemente in Ihrem Wunschgebiet eine größere Rolle, wie auf Seerevieren, sollte die Rumpfform Ihres Bootes dafür auch ausgelegt sein. Aber was buten wichtig ist, kann binnen schon weniger angebracht sein! Boote können nach dem Revier unterschieden werden, für das sie hauptsächlich gebaut sind:
  - *Geschützte Gewässer:* Diese Boote sind fast ausschließlich bei Tageslicht unterwegs. Sie sind häufig auf Binnenrevieren zu finden und in der Regel kürzer als sechs Meter.
  - *Küstennahe Gewässer:* Boote für die Küstenfahrt auf Seerevieren, die sich aber in der Regel nicht weiter als 10 sm vom Land entfernen und für kürzere Fahrtstrecken ausgelegt sind.
  - *Außerhalb von Küstengewässern und Hochsee:* Boote, die seetüchtig genug und auch entsprechend ausgerüstet sind, um ausgedehnte Passagen (bis 500 sm) durchführen zu können.
- Was wollen Sie für das Boot ausgeben? Bootfahren hat den Ruf, ein relativ kostspieliges Hobby zu sein – aber das muss nicht zwangsläufig so sein. Ein kleines Gebrauchtboot aus zweiter Hand bekommen Sie mitunter schon für den Preis einer Computer-Ausstattung, und zum Einstieg langt es allemal. Ein teurerer Kauf muss nicht unbedingt mehr Spaß bedeuten!
- Wie hoch dürfen die Betriebskosten sein? Mit dem Bootskauf beginnen die Ausgaben natürlich erst. Treibstoff, Ausrüstung und Lagerung müssen Sie ebenfalls mit einkalkulieren. Diese Überlegung könnte beispielsweise Ihre Wahl zwischen Diesel- und Benzinmotor beeinflussen. Liegeplatz im Sommer, Stellplatz im Winter und Kosten für den Trailer – falls vorhanden – schlagen ebenfalls zu Buche, genauso wie Versicherung, Wartung und die notwendige Elektronik und Sicherheitsausrüstung an Bord. Rechnen Sie also einmal durch, mit welcher Summe Sie tatsächlich rechnen müssen, bevor Sie den Kaufvertrag unterschreiben.

Gleitschienen

Bei dieser Rumpfform sind außen an dem V-Boden Gleitschienen angesetzt. Die vom Wasser benetzte Fläche wird damit verringert, und ein Boot mit diesem Rumpf kommt schneller ins Gleiten. Vorne ist das V etwas tiefer, zum Heck hin wird es flacher – das hilft beim Durchqueren von Wellenkämmen und verbessert die Gleiteigenschaften zusätzlich. Durch den geringeren Wasserwiderstand des Unterwasserschiffs reagiert das Boot jedoch bei Kurvenfahrt schlechter. Insgesamt verringert die flache Form die Seetüchtigkeit, für geschützte Gewässer ist sie aber gut geeignet.

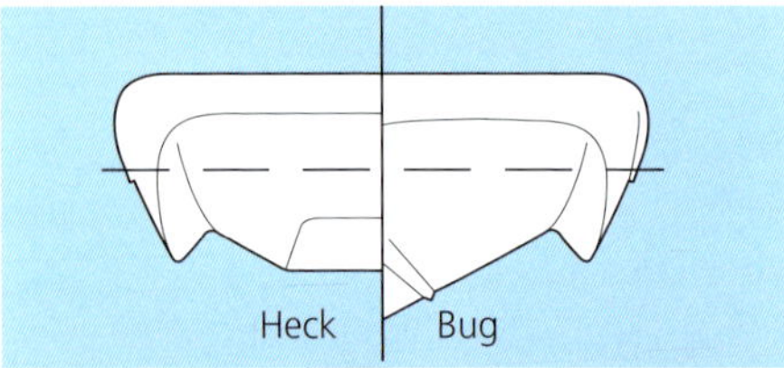

Verdränger

Bei einem Verdränger ist der Rumpf stärker abgerundet. Während er vergleichsweise langsam durchs Wasser pflügt, drängt er das Wasser vor ihm zur Seite und nach unten. Wie hoch die Maximalgeschwindigkeit ist, hängt von der Länge des Bootes ab. Verdränger sind meist seetüchtiger als Gleiter mit V-Boden. Der Antrieb erfolgt fast immer über gewöhnliche Wellenanlagen.

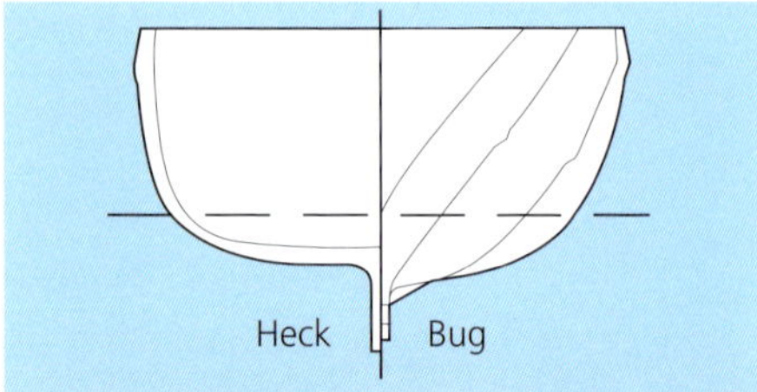

Katamaran

Als Mehrrumpfboot ist der Katamaran besonders stabil und benötigt weniger Antriebsleistung als ein Einrumpfboot vergleichbarer Größe. Weniger benetzte Fläche ermöglicht hohe Geschwindigkeiten, und die große Breite sorgt für großzügige Decksfläche – beide Eigenschaften machen den Katamaran zur idealen Fähre, in kleinerer Ausführung gibt es ihn aber auch als geräumige Motoryacht.

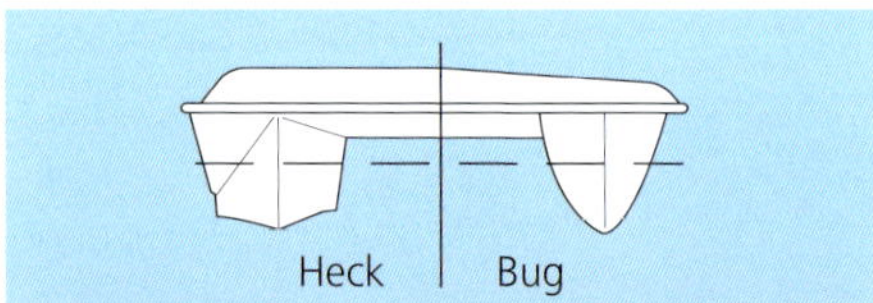

Rumpfformen

V-Boden

Boote mit V-Boden eignen sich auch für rauere Verhältnisse. Je tiefer das V, desto besser kann es durch die Wellenkämme schneiden. Diese Seetüchtigkeit kann jedoch auf Kosten des Freiraums unter Deck gehen, da diese Boote eine geringere Breite haben. Außerdem ist bei einem tiefen V stärkere Motorisierung nötig, um ins Gleiten zu kommen.

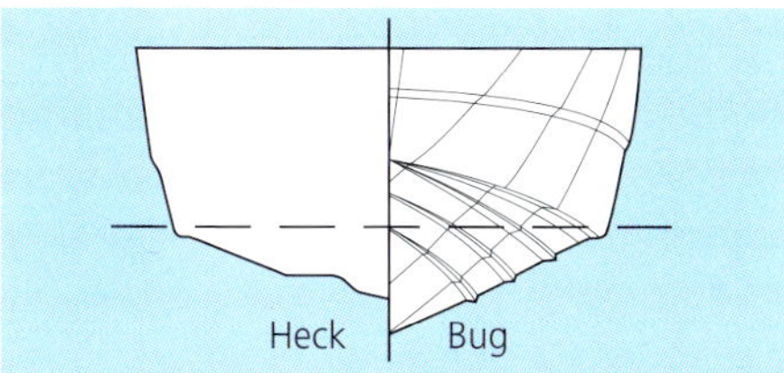

Stufenrumpf

Ursprünglich für schnelle Rennboote entwickelt, findet man den Stufenrumpf immer häufiger auch bei normalen Sportbooten, da er einige Leistungsvorteile bringt.

Offenes Sportboot (Daycruiser)

Sehr schnell und zum Wasserskilaufen geeignet. Je nach Bauart sind sie mit tiefem oder gemäßigtem V-Boden ausgeführt. Kleinere Typen sind mit Außenbordmotoren ausgestattet, Boote über 6 m Länge werden meist von einem Innenborder mit Z-Antrieb vorwärtsbewegt.

Schnelles Sportfischerboot

Pluspunkte sind das recht hohe Freibord, der geschützte Steuerstand und viel freie Fläche im Heck. Sie sind mit Außenborder und Z-Antrieb erhältlich.

Festrumpfschlauchboot (RIB)

Ursprünglich für Rettungsarbeiten entwickelt, ist das RIB (rigid inflatable boat; s. Seite 8) inzwischen auch als Sportboot weitverbreitet. Die aufblasbaren Wülste sorgen dafür, dass das RIB auch bei unangenehmem Seegang stabil und schwimmfähig bleibt. Die Länge reicht von etwa 3 m bis über 10 m Länge.

Kajütboot (Weekender)

Ein Boot für die ganze Familie und ein gelungener Kompromiss zwischen Wohnraum und Decksfläche. Fast immer sind sie mit Innenbordmotoren ausgerüstet, und oberhalb von 8 m Länge sind auch Doppelmotorenanlagen zu finden. Die hohen Aufbauten bieten allerdings eine Menge Angriffsfläche für den Wind.

Halbgleiter

Sie kombinieren die Eigenschaften von V-Boden und Verdrängerrumpf. Gute Seeeigenschaften, jedoch nicht ganz so schnell wie echte Gleiter. Hoher Treibstoffverbrauch bei hoher Geschwindigkeit.

Motoren und Antriebe

Der Außenbordmotor

Der Außenbordmotor ist mit weitem Abstand das gebräuchlichste Antriebssystem auf kleineren Sportbooten. Sein Hauptvorteil besteht in der relativ kompakten Einheit aus Motor und Antrieb, die zudem noch für Wartung oder Lagerung ohne große Probleme abmontiert werden kann. Außenborder sind bislang fast ausschließlich als Benziner auf dem Markt.

Der Z-Antrieb

Beim Z-Antrieb ist das Antriebsaggregat mit dem Propeller außerhalb des Rumpfes am Heckspiegel angebaut, während sich der Motor selbst im Bootsinneren befindet und besser vor

der Witterung geschützt ist. Weitere Vorteile des Z-Antriebs sind einerseits eine günstigere Gewichtsverteilung als beim Außenbordmotor und andererseits die bessere Zugänglichkeit zum Motor für Wartungszwecke, wenn sich das Boot im Wasser befindet. Mit dem Lenkrad im Steuerstand wird das Antriebsaggregat außenbords gesteuert. Den Z-Antrieb findet man häufig bei Sportbooten mittlerer Größe.

Der Wellenantrieb

Am häufigsten findet man Wellenantriebe bei Arbeitsbooten und größeren Kajütbooten oder Motoryachten. Aber auch bei kleinen, schnellen Fischerbooten wird er immer öfter eingebaut. Durch die Anordnung des Wellenantriebs kann der Motor noch weiter vorn im Schiff untergebracht werden, was bei der Gewichtsverteilung positiv zum Tragen kommt. Die Welle läuft vom Motor durch abgedichtete Rumpfdurchlässe unter das Heck zum Propeller. Mit einem dahinterliegenden, beweglichen Ruder wird das Boot gesteuert.

Der Jet-Antrieb (Wasserstrahlantrieb)

Die Anordnung von Antrieb und Motor ist beim Jet-Antrieb so ähnlich wie beim Z-Antrieb. Der entscheidende Unterschied ist jedoch, dass der

Motor in diesem Fall einen Impeller antreibt, der Wasser durch einen Einlass ansaugt und dann mit hohem Druck in einem Strahl wieder ausstößt, um Vortrieb zu erzeugen. Gesteuert wird das Boot über das bewegliche Ausstoßrohr.

Pod-Antriebe

Sie sitzen mindestens paarweise unter dem Heck und können mit elektronischer Steuerung unabhängig voneinander bewegt werden, so dass ein Boot sogar seitwärts fahren kann. Es gibt sie mit nach vorne gerichteten Zugpropellern (s. Bild) oder mit Schubpropellern wie bei einem Z-Antrieb.

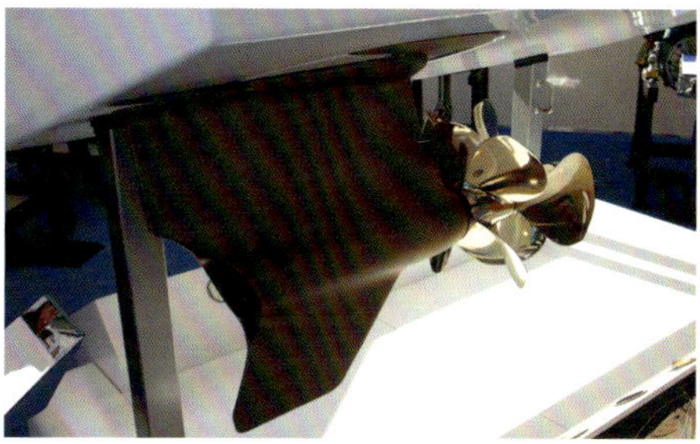

Doppelmotorenanlagen

Größere Festrumpfschlauchboote oder Rennboote verfügen häufig über zwei Motoren. Die Grenze für den Einbau von zwei Motoren mit Z-Antrieb oder Wellenanlage liegt ungefähr bei 8 m Bootslänge. Eine Doppelanlage liefert nicht nur mehr Leistung, man verfügt auch über eine Absicherung, falls ein Motor plötzlich streiken sollte. Zudem lässt sich das Boot in der Regel bei geringer Fahrt innerhalb der eigenen Länge wenden, indem man die Motoren entgegengesetzt laufen lässt – den einen voraus, den anderen achteraus. Dieser Effekt wird jedoch eingeschränkt, wenn die beiden Motoren mit weniger als 1 m seitlichem Abstand eingebaut sind.

Vor- und Nachteile verschiedener Typen von Außenbordmotoren

Bei Außenbordmotoren hat man die Wahl zwischen Zwei- und Viertakt-Benzinmotoren. Hier einige Kriterien zum Vergleich:

Viertakter

- Sehr wirtschaftlich im Verbrauch, geringe Lärmbelastung durch hohe Laufruhe
- Wie bei einem Automotor befindet sich permanent Öl in der Kurbelwanne.
- Die Modellpalette reicht von 2 bis etwa 350 PS.

Zweitakter

- Zweitakter sind leichter als Viertakter und haben daher ein besseres Gewicht-Leistungs-Verhältnis.
- Der Verbrauch eines Zweitakters ist höher als der eines vergleichbaren Viertakters.
- Öl wird verbraucht und muss deshalb entweder dem Treibstoff beigemischt oder in einem separaten Tank mitgeführt werden.

Der Außenbordmotor (die abgebildete Pinnensteuerung gibt es nur bei kleineren Modellen)

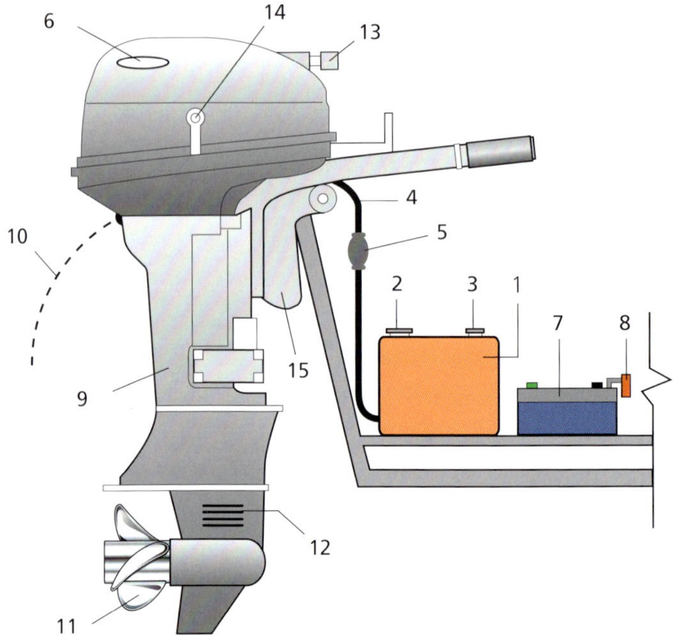

1 Treibstofftank
2 Tankverschluss
3 Entlüftungsschraube
4 Treibstoffleitung
5 Pumpballen
6 Öleinfüllstutzen
7 Starterbatterie
8 Batterieschalter
9 Schaft
10 Kühlwasser
11 Propeller
12 Kühlwassereinlass
13 Handstarter
14 Schalthebel
15 Kippbügel mit Klemmschrauben

Die Schaltung

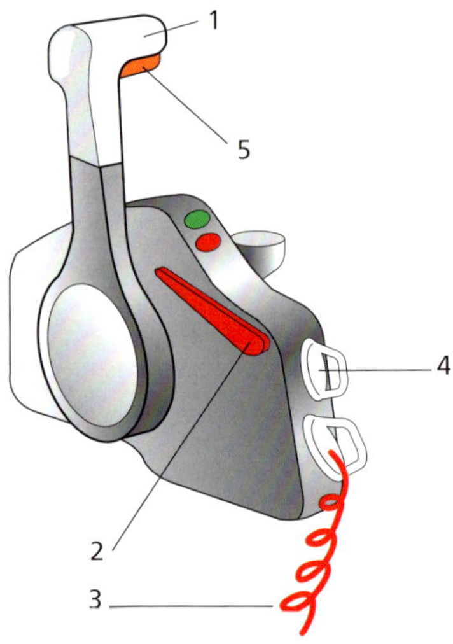

1 Schalthebel
2 schneller Leerlauf (nur auf einigen Booten)
3 Quickstop-Leine
4 Zündschlüssel
5 Sperre

Tipp:
Wenn der Motor läuft, sollten Sie die Quickstop-Leine immer an sich befestigt haben!

Der Innenbordmotor

Innenbordmotoren – entweder mit Z-Antrieb oder konventionellem Wellenantrieb – findet man in der Regel auf Booten, die 6 m und länger sind. Boote bis etwa 8 m Länge sind häufig mit nur einem Motor ausgerüstet, darüber sind Doppelmotorenanlagen wesentlich weiter verbreitet.

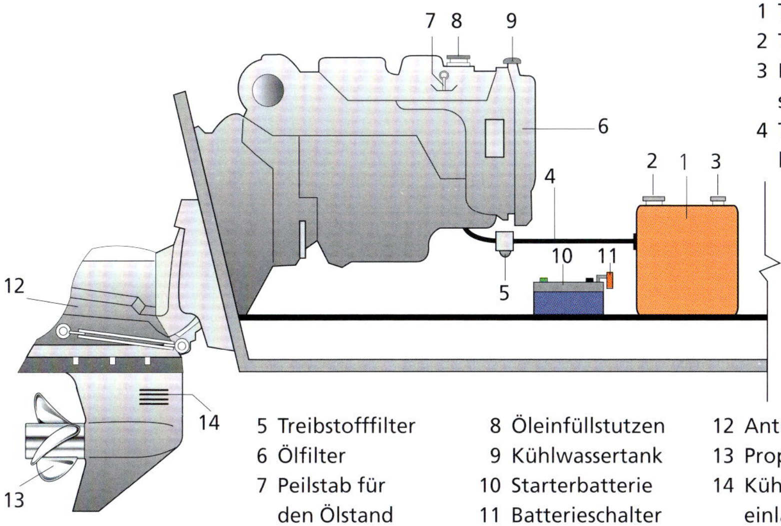

1 Treibstofftank
2 Tankverschluss
3 Entlüftungsschraube
4 Treibstoffleitung
5 Treibstofffilter
6 Ölfilter
7 Peilstab für den Ölstand
8 Öleinfüllstutzen
9 Kühlwassertank
10 Starterbatterie
11 Batterieschalter
12 Antriebsaggregat
13 Propeller
14 Kühlwassereinlass

Innen- und Außenborder im Vergleich

In den meisten Fällen wird die Antriebsart vom Bootstyp bestimmt. Bei größeren Schlauchbooten und einigen schnellen Angelbooten haben Sie jedoch oft die Wahl zwischen beiden Systemen.

Innenborder

- gibt es als Diesel oder Benziner.
- sind in der Regel einfacher und günstiger zu warten, da es sich im Grunde um Auto- oder Lkw-Motoren handelt, die für den Einbau im Boot entsprechend angepasst wurden.
- sorgen für freien Platz über dem Motorraum.

Außenborder

- sind wesentlich zuverlässiger als früher.
- sind zu kompliziert, um größere Reparaturen selbst durchführen zu können.
- können relativ problemlos aus dem Wasser genommen werden, um Bewuchs zu vermeiden oder um den Motor zu warten.
- haben ein bei weitem besseres Gewicht-Leistungs-Verhältnis als vergleichbare Innenborder.
- gibt es zwar auch als Diesel, jedoch nur sehr selten.
- sind für die Wartung einfacher abzubauen.

Die Schaltung

Es gibt eine ganze Reihe verschiedener Schaltungstypen. Noch handelt es sich dabei meistens um herkömmliche, mechanische Systeme, die mit dem Motor über lange Schaltzüge verbunden sind. Wie in vielen anderen Bereichen ist aber auch hier die Elektronik auf dem Vormarsch: Bei der elektronischen Schaltung werden die Steuerbefehle über Kabel als elektrische Signale an den Motor übermittelt.

Bei Außenbordmotoren findet sich häufig ein kleiner Sicherheitsschalter – nur wenn er gedrückt wird, lässt sich die Schaltung bewegen. Schaltungen sind im Prinzip sehr einfach aufgebaut und verfügen über nur drei mögliche Schaltstellungen: vorwärts, rückwärts und ausgekuppelt (Leerlauf). Je weiter der Hebel nach vorn oder zurück bewegt wird, desto mehr Gas wird gegeben.

Das Starten des Motors

Der Ablauf des Startvorgangs ist von Boot zu Boot unterschiedlich, daher kann dieser Abschnitt nicht mehr als ein Leitfaden sein. Die vom Hersteller mitgelieferte Betriebsanleitung wird Ihnen genaue Anweisungen geben. Je nachdem wann, wo und wie Sie den Motor anlassen, sollten Sie jedoch vor dem Start auf möglichst viele der nun folgenden Punkte achten.

Vor dem Starten

- Prüfen Sie, ob der Tank genügend Treibstoff enthält und die Treibstoffzufuhr geöffnet ist.
- Schalten Sie die Batterie ein.
- Prüfen Sie den Ölstand im Motor und gegebenenfalls im Antriebsaggregat und in den Trimmklappen.
- Prüfen Sie den Kühlwasserstand.
- Prüfen Sie die Keilriemen auf Spannung und Zustand.
- Reinigen Sie den Seewasserfilter.
- Prüfen Sie, ob die Tankentlüftung geöffnet ist.
- Entlüften Sie den Motorraum.

Beim Starten

- Saugen Sie Treibstoff an (Pumpballen).
- Befestigen und prüfen Sie die Quickstop-Leine.
- Prüfen Sie, ob der Motor ausgekuppelt ist.
- Ziehen Sie gegebenenfalls den Choke.
- Stellen Sie die Schaltung gegebenenfalls auf schnellen Leerlauf.
- Prüfen Sie, ob Heck und Schraube frei sind.
- Starten Sie den Motor.
- Prüfen Sie, ob Kühlwasser austritt.
- Motor bei geringer Drehzahl aufwärmen.
- Schalten Sie einmal kurz auf Voraus- und Achterausfahrt, um zu sehen, ob die Schaltung funktioniert.

Das Bugstrahlruder

Auch auf Booten von weniger als 10 m Länge findet man immer häufiger ein Bugstrahlruder. Kontrolliert wird es vom Fahrstand aus über einen kleinen Joystick oder einen Kippschalter und ist beim Manövrieren auf engem Raum eine große Hilfe: Beim längsseitigen Anlegen kann es beispielsweise den Bug im richtigen Winkel zum Steg halten und ihn dann, wenn das Boot am Liegeplatz aufstoppt, an den Steg drücken. Allerdings sollten Sie das Bugstrahlruder immer nur als Hilfsmittel betrachten und einsetzen; es wird allein kein missratenes Manöver ausbügeln!

Die Treibstoffarten

Wenn Sie ein Boot mit einem Innenbordmotor kaufen möchten, müssen Sie sich eventuell zwischen einem Benziner oder einem Diesel entscheiden. Die folgenden Punkte sollten Sie dabei beachten:

Benzin

- Benzinmotoren sind in der Anschaffung günstiger als Diesel.
- Das Brandrisiko ist geringer.
- Die Betriebskosten sind aufgrund des Treibstoffpreises und geringerer Wirtschaftlichkeit höher. Eine Einspritzanlage im Motor erhöht die Wirtschaftlichkeit allerdings.
- Nicht jede Bootstankstelle verfügt über Benzin; das Nachtanken mit dem Kanister ist dann die einzige Alternative.
- Benzinmotoren sind komplizierter im Aufbau und benötigen in fast allen Fällen einen Fachmann für Wartung und Reparatur.
- Die für den Betrieb notwendige Elektronik ist witterungsanfällig.

Diesel

- Dieselmotoren sind in der Anschaffung teurer als Benziner.
- Das Brandrisiko ist höher.
- Bei regelmäßiger Nutzung werden sich die höheren Anschaffungskosten nach einiger Zeit lohnen.
- Dieselmotoren sind in der Regel zuverlässiger und sicherer als Benziner.
- Dafür sind sie schwerer und verfügen über ein schlechteres Gewicht-Leistungs-Verhältnis.
- Diesel sind meist einfacher zu warten, und kleinere Reparaturen können selbst ausgeführt werden.

Propeller

Der Propeller überträgt die Motorleistung auf das Wasser und wandelt sie in Vortrieb um.

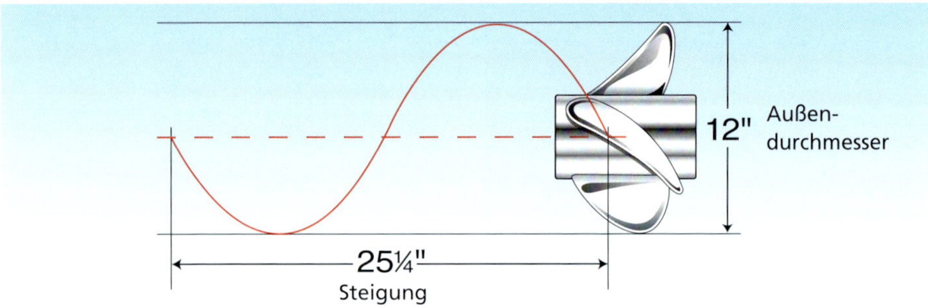

Steigung und Außendurchmesser

Jeder Propeller verfügt über zwei entscheidende Kriterien: Steigung und Außendurchmesser. Der Durchmesser bezieht sich auf den Propellerdrehkreis. Je größer der eingebaute Motor ist, desto größer fällt auch der montierte Propeller aus – und mit ihm sein Außendurchmesser. Die Steigung gibt hingegen die theoretische Distanz an, die ein Propeller mit einer Umdrehung zurücklegen würde. Die tatsächliche Strecke fällt geringer aus, da der Propeller nicht immer hundertprozentigen Griff hat. Steigung und Außendurchmesser werden nach wie vor in Zoll angegeben, metrische Angaben sind aber bereits ebenfalls in Verwendung.

Propellertypen

- *Aluminiumpropeller:* Aluminium ist nach wie vor das herkömmlichste Material, wenn es um Propeller für Außenbordmotoren und Z-Antriebe geht. Es ist zwar relativ günstig, dafür ist es aber nicht besonders widerstandsfähig und der Propeller wird schnell beschädigt, wenn er auf ein hartes Objekt trifft. Allerdings lässt er sich aus dem gleichen Grund auch leichter wieder reparieren.
- *Edelstahlpropeller:* Edelstahlpropeller sind, wie zu erwarten, wesentlich robuster und stecken den einen oder anderen Schlag auch ohne Schaden weg. Außerdem können Propellerflügel aus Edelstahl dünner ausgeführt werden, was die Vortriebsleistung verbessert. Leider schlägt sich das höherwertige Material nicht nur im Preis nieder: Trifft der Propeller einmal auf wirklich harten Grund, kann die Tatsache, dass er sich nicht verbiegt, auch dazu führen, dass der Schlag direkt an das Getriebe weitergegeben wird und dort Schaden verursacht.
- *Kompositpropeller:* Dieser Typ besteht aus verschiedenen Materialien und Bauteilen und erfreut sich wachsender Beliebtheit, besonders als relativ kostengünstiges Ersatzteil. Bei einigen Modellen lassen sich sogar die Blätter einzeln austauschen, wenn sie beschädigt werden.

• *Bronzepropeller:* Der Bronzepropeller ist auf Booten mit Wellenantrieben Standard, wie etwa auf Wasserskizugbooten oder größeren Stahlverdrängern.

• *Oberflächenpropeller:* Wenn es um Höchstgeschwindigkeit geht, kommt man am Oberflächenpropeller nicht vorbei; Rennboote sind mit diesem Typ standardmäßig ausgerüstet. Er bringt nur dann optimale Leistung, wenn sich seine untere Hälfte unter Wasser und die obere Hälfte über Wasser befindet.

Anzahl der Propellerflügel

• *3-flügeliger Propeller:* Dieser Standardtyp sorgt für ruhige Fahrt und optimale Höchstgeschwindigkeit, kann beim Beschleunigen aber nicht mit dem Vierblattpropeller mithalten.

• *4-flügeliger Propeller:* Seine große Endbeschleunigung macht ihn ideal für Zugboote für Wasserski oder Wakeboarding. Auch wenn viel Kraft in rauen Situationen gefordert ist, hat er seine Vorteile. Bei der Höchstgeschwindigkeit müssen dafür Abstriche gemacht werden.

• *Duoprop (Doppelpropeller):* In diesem Fall sind zwei gegenläufige Dreiblattpropeller hintereinander montiert. Das eliminiert nicht nur den Radeffekt, sondern steigert auch die Leistung: Die addierte Propellersteigung des Duoprops ist doppelt so groß wie bei nur einem Propeller. Das Boot versucht daher, bei einer Umdrehung auch doppelt so weit nach vorne zu kommen!

Die Auswahl des passenden Propellers

Bei der Auswahl des Propellers müssen Sie sich ganz danach richten, wie Sie Ihr Boot vorwiegend einsetzen möchten. Zwar trifft der Hersteller in den meisten Fällen eine Vorauswahl, die dem Bootstyp angepasst ist und mit der es sich in den meisten Fällen auch ganz gut leben

lässt. Wenn Sie jedoch in einem bestimmten Bereich mehr Leistung brauchen – damit beispielsweise hinter Ihrem Boot Wasserski gelaufen werden kann, obwohl es alles andere als ein reinrassiges Zugboot ist –, sollten Sie natürlich dennoch über einen Wechsel nachdenken.

Probleme mit dem Propeller

• *Ventilation:* Wenn Auspuffgase oder Luft von der Oberfläche über die drehenden Propellerflügel strömen, dann verliert der Propeller kurzzeitig seine Haftung im Wasser. Ohne den Widerstand steigt die Drehzahl, und die Leistung sinkt. Tritt diese ungleiche Belastung regelmäßig auf, kann Kavitation entstehen.

• *Kavitation:* Kavitation entsteht, wenn der Druck auf die Propellerblätter sinkt. Dann bilden sich sogenannte Dampfblasen, die mit so viel Energie geladen sind, dass sie, wenn sie platzen, kleine Stücke aus den Propellerflügeln herausschlagen und sie schwer beschädigen können. Edelstahlpropeller sind übrigens besser gegen Kavitation geschützt als Propeller aus weniger hartem Material.

Sicherheit an Bord

Dass Sicherheit das Allerwichtigste an Bord ist, sagt schon der gesunde Menschenverstand. Deshalb gibt es einige Dinge, die vor jedem Törn bedacht werden müssen – egal wie kurz oder wenig anspruchsvoll er auch erscheinen mag. Denn als Skipper sind Sie allein verantwortlich für die Sicherheit von Besatzung und Boot, vor dem Start und während der Fahrt bis zum Ziel. Auch wenn es natürlich in erster Linie darum geht, auf dem Wasser Spaß zu haben, dürfen Sie die gründliche Vorbereitung niemals auslassen! Überprüfen Sie Boot und Ausrüstung, checken Sie das Wetter und vergessen Sie nicht, die Crew genau einzuweisen, bevor es losgeht. Dieses Diagramm zeigt Ihnen, welche Faktoren Sie berücksichtigen müssen:

Rücksicht auf dem Wasser

Ihre Verantwortung beschränkt sich aber nicht nur auf Ihr eigenes Boot und die Personen, die an Bord sind! Allein die Höflichkeit gebietet schon, auch auf andere Verkehrsteilnehmer Rücksicht zu nehmen. Vermeiden Sie also Sog- und Wellenschlag, verhalten Sie sich besonders Seglern gegenüber umsichtig, und vergessen Sie nicht, die Verkehrsregeln einzuhalten.

Die Törnplanung

Das Wetter

Dem Wetter widmet dieses Buch mit Kapitel 19 einen eigenen, ausführlichen Abschnitt. Der Grund dafür liegt auf der Hand: Kein anderer Faktor ist so entscheidend, wenn es um die Frage geht, ob Sie zu Ihrem Törn überhaupt aufbrechen oder doch lieber im Hafen bleiben. Aus den verschiedenen Informationsquellen müssen Sie sich ein möglichst genaues Bild davon machen, wie sich das Wetter entwickeln wird. Sie müssen abschätzen können, ob Sie und die Crew über ausreichend Erfahrung verfügen und ob das Boot den zu erwartenden Verhältnissen überhaupt gewachsen ist. Sollten Sie daran auch nur im Geringsten zweifeln, kann die Entscheidung nur lauten, nicht auszulaufen. Das wird Ihnen nicht immer leicht fallen; Sie dürfen aber nicht vergessen, dass Sie allein für alle die Verantwortung tragen!

Das Revier

Wenn Sie sich das Revier für einen Törn aussuchen, gilt das Gebot natürlich ebenso, dass weder Boot noch Crew überfordert werden dürfen. Sie sollten sich außerdem nach Serviceeinrichtungen, speziellen Regelungen und Vorschriften erkundigen. Hier nur einige Beispiele für das, was für Sie wichtig sein könnte:

- Angenommen, Sie besitzen ein Trailerboot – welche Slipanlage oder welcher Kran bietet den besten Zugang zu Ihrem Wunschrevier?
- Gibt es Wasserskistrecken?
- Wie sieht es mit der Geschwindigkeitsbegrenzung aus?
- Gibt es besondere Umweltschutzbestimmungen?

Törnführer und Gewässerkarten versorgen Sie mit den nötigen Informationen. Um ganz sicherzugehen, können Sie die Hafenmeistereien oder Touristenbüros vor Ort auch einfach anrufen.

Die Ausrüstung der Besatzung

In wärmeren Gebieten dürfen Sie angemessenen Sonnenschutz nicht vergessen: Sonnenmilch, Sonnenbrille, ein Hemd mit langen Ärmeln und eine geeignete Kopfbedeckung gehören unbedingt an Bord. Sollte es dagegen eher kalt und nass zugehen, kühlen die Personen an Bord besonders bei hoher Fahrtgeschwindigkeit schnell aus. Wärmespeichernde Schutzkleidung ist dann ein Muss. Bedenken Sie bei der Törnplanung ebenfalls, dass Kinder empfindlicher auf extreme Witterungsbedingungen reagieren als Erwachsene! Ebenso wichtig für jeden Törn, egal wo er stattfindet und wie lange er dauern soll: ausreichend Trinkwasser und Lebensmittel und natürlich Schwimmhilfen wie beispielsweise Rettungswesten.

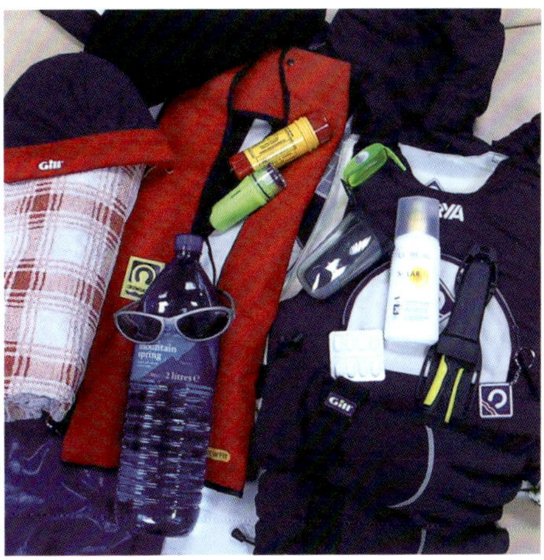

Die Bootsausrüstung

Sie müssen kein Vermögen ausgeben, um Ihr Boot vernünftig auszustatten. Eine solide Sicherheitsausrüstung an Bord ist ohnehin viel wichtiger, als immer den letzten Schrei in Sachen Elektronik anzuschaffen. Möglichkeiten zum Geldsparen gibt es viele: von den Bootsbörsen über das Internet bis hin zum Versandhandel. Auch der normale Preisvergleich zwischen mehreren Bootsausstattern lohnt sich nicht selten!

Welche Ausrüstungsgegenstände Sie genau benötigen, hängt natürlich davon ab, wie und wo Sie mit Ihrem Boot unterwegs sind. Unerlässlich ist in jedem Fall, dass Sie selbst und auch die Crew wissen, wie die Ausrüstung funktioniert und wo sie verstaut ist. Diese Orte müssen trocken und vor allem leicht zu erreichen sein; ein aufgeklebtes Hinweiszeichen kann dabei in der Verwirrung helfen!

So sollte Ihr Boot ausgestattet sein: Anker mit Leine (eventuell mit Kette oder Kettenvorlauf), Festmacher und Fender, Wurf- oder Schleppleine, Positionslichter, Radarreflektor, Signalhorn, Signalkörper, UKW-Sprechfunkanlage (als Einbau- oder Handgerät), Kompass, GPS, Uhr, Kartenmaterial und andere Navigationsunterlagen, Erste-Hilfe-Ausrüstung, Werkzeugkasten mit wichtigen Ersatzteilen und Taschenlampe, Messer, Notsignalmittel (wie etwa entsprechende Flaggen, Rauchtöpfe oder Handfackeln), Feuerlöscher und Löschdecke, Schwimmhilfen (wie etwa Schwimmkragen oder Rettungswesten), Bilgenpumpe (oder ausreichendes Gefäß zum Lenzen), Material zur Lecksicherung, Paddel oder Notaußenbordmotor, Quickstop-Leine mit Ersatz, Trinkwasser.

Für längere Törns im Küstenbereich sollten Sie außerdem an folgende Ausrüstung denken: EPIRB (eine Seenotfunkbake, die Satelliten nutzt), UKW-Handfunkgerät, Echolot, Blitzboje (für Mensch-über-Bord-Situationen), Kartenplotter oder zumindest GPS-Handgerät, Handpeilkompass, Fernglas, Rettungsfloß.

Die Quickstop-Leine

Die meisten Außenbordmotoren sind mit einer Notfall-Abschaltungsfunktion ausgerüstet: Ausgelöst wird sie mit der Quickstop-Leine. An dem einen Ende wird die Leine mit der Zündung verbunden, das andere Ende wird am Bein des Crewmitglieds am Steuer befestigt. Sollte diese Person nun über Bord fallen, wird die Quickstop-Leine von der Zündung abgerissen, und der Motor geht augenblicklich aus. Das ist besonders dann hilfreich, wenn nur Sie allein an Bord sind und niemand anders das Steuer übernehmen kann. Prüfen Sie die Quickstop-Leine also auf ihre Funktion! Wenn Sie ein Ersatzexemplar an Bord haben, kann der Motor erneut gestartet und zur Person im Wasser zurückgefahren werden.

Die Rettungsweste

Eine ohnmachtssichere Rettungsweste ist so konzipiert, dass sie die Person auf den Rücken dreht und den Kopf über Wasser hält. Auch eine ohnmächtige Person kann so nicht ertrinken. Eine gewöhnliche Rettungsweste hat diese Spezialfähigkeit nicht. Man spricht deshalb dann auch nur von einer Schwimmhilfe, da sie lediglich beim Über-Wasser-Bleiben hilft.

Die meisten Modelle werden im Notfall durch eine Gaspatrone aufgeblasen, sind platzsparend und praktisch beim Tragen. Die Gaspatrone wird entweder automatisch ausgelöst, wenn sie mit ausreichend Wasser in Kontakt kommt, oder aber manuell. Im ersten Fall spricht man von einer Automatikweste. Ihr deutlicher Vorteil besteht darin, dass sie sich auch dann aufbläst, wenn die Person beim Sturz ins Wasser das Bewusstsein verloren haben sollte und die Gaspatrone nicht manuell auslösen kann. Der vergleichsweise geringe Nachteil dieser Automatik: Die Weste kann sich auch dann aufblasen, wenn sie nur versehentlich nass wird. Aus diesem Grund sollte sie auch an Land trocken gelagert werden.

Wenn Sie nachts unterwegs sind, sollten die Rettungswesten auch mit Notlichtern ausgerüstet sein.

Die Wartung

Sie sollten die Funktionselemente Ihrer Rettungsweste regelmäßig selbst überprüfen. Hierauf müssen Sie achten:

- Stellen Sie sicher, dass die Weste nicht aktiviert wurde – besonders, wenn andere Personen außer Ihnen sie in der Zwischenzeit getragen haben.
- Sitzt die Gaspatrone fest in ihrem Gewinde? Ist sie korrosionsfrei?
- Ist die Weste unbeschädigt? Suchen Sie nach Scheuerstellen, Rissen und Löchern.
- Funktioniert das Rettungslicht?

Außerdem sollten Sie die Weste zusätzlich vom Hersteller entsprechend der angebrachten Prüfplakette warten lassen.

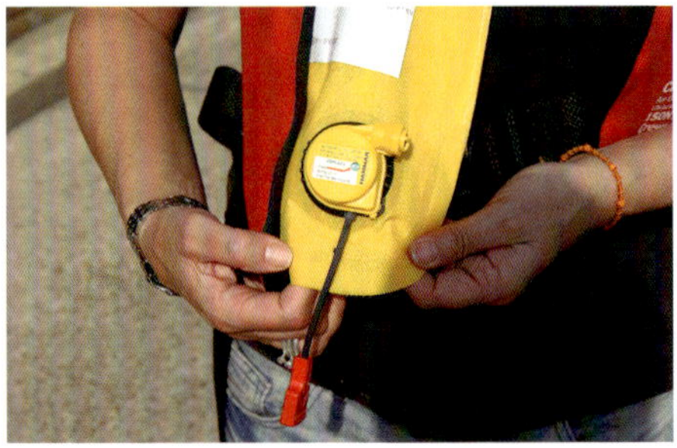

Die Schwimmhilfe

Schwimmhilfen bieten zusätzlichen Auftrieb, um eine Person im Wasser an der Oberfläche zu halten, drehen sie aber nicht auf den Rücken und schützen damit nicht vor dem Ertrinken bei Ohnmacht. Sie sind also eher als Unterstützung gedacht und werden von Jollenseglern, Wasserskiläufern oder Surfern bevorzugt.

Der Skipper trägt die Verantwortung!

Als Skipper sind Sie für die Gesundheit Ihrer Crew verantwortlich, egal wie groß Ihre Erfahrung bislang ist. Dazu gehört auch, dass Sie vor Törnbeginn über mögliche Krankheiten oder Leiden einzelner Besatzungsmitglieder informiert sein müssen, und ob Nichtschwimmer an Bord sind. Welche Medikamente werden benötigt, und wie müssen sie im Notfall verabreicht werden? In Erster Hilfe sollten Sie sich ebenfalls auskennen. Es kann nicht schaden, dieses Wissen von Zeit zu Zeit durch einen entsprechenden Kurs aufzufrischen.

Was die Törnplanung angeht, liegt es in Ihrer Verantwortung, die Crew mit Strecken und Zielen nicht zu überfordern. Schließlich geht es nicht nur um die Sicherheit, sondern auch darum, dass alle ihren Spaß haben. Gute Skipper bleiben ruhig, planen voraus und teilen ihre Absichten der Crew so deutlich mit, dass sie jeder versteht, egal ob es um den Kursverlauf oder ein bestimmtes Manöver geht. Gute Skipper geraten auch dann nicht in Panik, wenn es doch einmal nicht wie geplant läuft und improvisiert werden muss – natürlich immer mit dem Auge auf größtmöglicher Sicherheit!

Die Sicherheitseinweisung

Sind alle Crewmitglieder an Bord, sollten Sie noch vor dem Ablegen eine Sicherheitseinweisung durchführen. Sprechen Sie dabei die folgenden Punkte durch:

- Gebrauch und Funktion der Rettungswesten
- Aufbewahrungsort der Erste-Hilfe-Ausrüstung und der Feuerlöscher
- Aufbewahrungsort und Gebrauch der Signalmittel im Notfall
- Gebrauch des UKW-Sprechfunkgerätes zum Absetzen einer Nachricht im Notfall
- Einweisung in die wichtigsten Manöver, darunter das Mensch-über-Bord-Manöver
- Funktion der Motorenanlage und Gebrauch der Quickstop-Leine
- Wie sieht der Törnverlauf für den Tag aus? Geben Sie geschätzte Zeiten an.
- Fordern Sie die Crew auf, sofort Fragen zu stellen, wenn unterwegs Unklarheit in einer Situation besteht.

Die Einweisung an Deck

Zeigen Sie der Crew an Deck, wie das An- und Ablegemanöver ablaufen muss. Weisen Sie Positionen zu und erklären Sie die Funktion der verschiedenen Leinen. Wenn möglich, üben Sie das Manöver mit der Crew, bevor Sie den Hafen tatsächlich verlassen. Und vergessen Sie nicht, Ihre Kommandos laut und deutlich zu geben. Ihre Besatzung wird nur dann Spaß bei der Sache haben, wenn jeder Einzelne auch wirklich den Sinn und Zweck dessen erkennt, was er gerade tut.

Einmal auf See, müssen Sie abschätzen, wie viel Zeit die Crew benötigt, um sich an das Boot zu gewöhnen. Geben Sie nicht sofort Vollgas, sondern lassen Sie es langsam angehen, damit niemand überfordert wird!

Hilfe rufen

Sie sollten in der Lage sein, in jeder Problemsituation die richtigen Maßnahmen einzuleiten. Ihre erste Überlegung muss immer sein, ob Sie selbst oder die Crew sich in unmittelbarer Gefahr für Leib und Leben befinden. Wenn das der Fall ist, sollten Sie Hilfe herbeirufen. Die drei üblichen Methoden dafür sind:

- ein Notalarm über UKW-Sprechfunk (MAYDAY)
- der Einsatz von roten Handfackeln, orangen Rauchtöpfen oder roten Fallschirmleuchtraketen
- alle übrigen Wege zur Alarmierung, wie alle internationalen Seenotsignale (Flaggen »N« und »C«, Feuer- und Schallsignale, Heben und Senken der Arme usw.) oder ein Notruf per Handy.

Ist die Situation nicht ganz so kritisch, wie etwa bei einem Maschinenausfall oder einer nicht lebensbedrohlichen Verletzung, können Sie andere Fahrzeuge oder die Rettungsleitstelle natürlich ebenfalls um Hilfe bitten. Das geschieht dann durch einen Dringlichkeitsruf (PAN PAN), der nicht den Seenotfall mit allen verbundenen Rettungsmaßnahmen auslöst.

UKW-Sprechfunk und digitaler Selektivruf (DSC)

Wie genau Sie einen Notalarm über UKW-Sprechfunk abgeben, hängt auch davon ab, ob Ihr Funkgerät mit einem Controller für den digitalen Selektivruf (DSC) ausgestattet ist. Dann können Sie die Alarmierung im Notfall auch digital übermitteln, ohne selbst sprechen zu müssen. In der Regel ist der DSC-Controller mit einem GPS-Empfänger gekoppelt. Mit einem Druck auf die Alarm-Taste senden Sie so die Zeit des Notrufes, die Identität Ihres Bootes (die Identifikationsnummer MMSI ist im Gerät gespeichert) und Ihre Position an alle Empfangsstationen aus. Die Art des Notfalls kann ebenfalls eingegeben werden. Über UKW-Kanal 16 können Sie dann im Sprechfunk Ihre Situation genauer erläutern. Form und Reihenfolge der Durchsage sind international einheitlich:

MAYDAY, MAYDAY, MAYDAY
Hier ist Motoryacht »Julia«, »Julia«, »Julia«
DB 2070 (Rufzeichen buchstabiert)
MAYDAY, Hier ist »Julia«
DB 2070
Meine Position ist 54° 21,3′ N, 012° 04,6′ E
Ich wiederhole:
Meine Position ist 54° 21,3′ N, 012° 04,6′ E
10 sm nördlich von Warnemünde
Wir sind mit treibendem Objekt kollidiert,
sinken schnell und verlassen das Schiff
Drei Personen an Bord
Over

Der Binnenfunk

Für den Binnenfunk benötigen Sie ein spezielles UKW-Binnensprechfunkgerät oder ein Kombigerät, das sich zwischen See- und Binnenfunk umstellen lässt. DSC gibt es im Binnenfunk nicht, und Notrufe werden auf dem Schiff-Schiff-Kanal 10 (oder auf dem Kanal der zuständigen Revierzentrale) durchgegeben statt auf Kanal 16.

Die Funkzeugnisse

Ein UKW-Sprechfunkgerät darf nur von qualifizierten Personen bedient werden! Als Qualifikationsnachweis dienen das »Beschränkt gültige Funkbetriebszeugnis« (SRC) für den Seefunk und das »UKW-Sprechfunkzeugnis für den Binnenschifffahrtsfunk« (UBI).

Das Mobiltelefon

Ein Handy kann an Bord sehr hilfreich sein, wenn Sie einen Notruf absetzen müssen und über kein UKW-Sprechfunkgerät verfügen. Vergessen Sie aber nicht, dass Mobiltelefone kein angemessener Ersatz für ein Funkgerät sind! Die meisten Modelle sind nicht wasserdicht, und der Großteil der Mobilfunknetze versorgt nur den unmittelbaren Küstenbereich. Schicken Sie deshalb auch zunächst eine SMS ab. Eine kurze Textbotschaft wird besser verstanden als ein Gespräch voller Störungen!

Tipp

Geben Sie Ihre Position immer nach Länge und Breite an, so wie Sie sie von der Karte oder vom GPS ablesen. Zusätze wie »10 sm nördlich von Warnemünde« veranschaulichen die Position zusätzlich und dienen als Kontrolle, wenn die Ziffern der Positionsangabe nicht gut zu verstehen sind.

Seenotsignalmittel

Handfackeln, Raketen und andere Seenotsignalmittel sind ein wichtiger Bestandteil der Sicherheitsausrüstung. Es ist sehr wichtig, dass Sie genau wissen, wie und wann die einzelnen Mittel richtig angewendet werden. Weisen Sie auch die Crew für den Notfall ein und achten Sie darauf, dass Sie immer nur Signalmittel einer Marke an Bord haben, um Verwirrung zu vermeiden. Außerdem darf das angegebene Ablaufdatum nicht überschritten werden!

Tipp

Bewahren Sie die Signalmittel in einem wasserdichten Behälter auf. Wenn Sie die Innenseiten mit Schaumstoff auslegen, sind sie zusätzlich gegen Schlag geschützt. Gartenhandschuhe schützen Sie beim Umgang mit den Signalmitteln vor Verletzungen!

Vorgeschlagene Anzahl		**Kategorie 2+3**	**Kategorie 4**
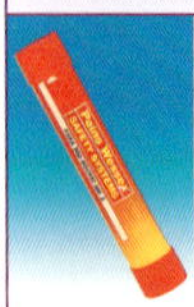	*Fallschirm-Leuchtrakete (rot)* Das wirksamste Signalmittel mit der größten Reichweite; die Rakete bringt den Leuchtkörper bis auf eine Höhe von 300 m. Nicht in der Nähe von Helikoptern abfeuern!	4	0
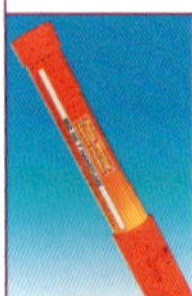	*Handfackel (rot)* Mit der Handfackel können Sie Ihre Position für die Rettungskräfte genau markieren. Allerdings ist die Reichweite aufgrund der geringen Höhe eingeschränkt.	4	4
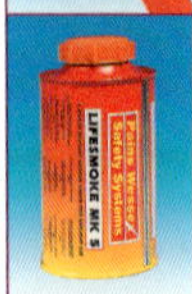	*Rauchtopf (orange)* Bei Tageslicht wirksam, um andere Fahrzeuge und Helikopter auf Sie aufmerksam zu machen.	2	2
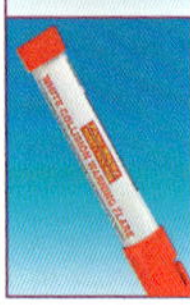	*Handfackel (weiß)* Signal für die Kollisionsverhütung; es wird eingesetzt, um Fahrzeuge in der Nähe auf Ihre Anwesenheit aufmerksam zu machen.	4	4

Kategorie 2: Fahrten von längerer Dauer entlang oder nicht weit entfernt von Küstenlinien oder in großen, ungeschützten Buchten oder Seen, wo ein hohes Maß an Unabhängigkeit der Yachten verlangt wird, jedoch die angemessene Wahrscheinlichkeit besteht, dass im Falle von ernsten Notsituationen Hilfe von außen herangerufen werden kann.

Kategorie 3: Fahrten über offenes Wasser, das größtenteils relativ geschützt oder nahe der Küstenlinie ist, einschließlich Fahrten für kleinere Yachten.

Kategorie 4: Kurze Fahrten in Ufernähe in relativ warmen oder geschützten Gewässern, die normalerweiser bei Tageslicht durchgeführt werden.

Das Boot ins Wasser bringen

Wenn Sie keinen Dauerliegeplatz in einer Marina reserviert haben, wird das Trailern und Slippen ein wichtiger Bestandteil Ihrer Törnplanung sein. Wo Sie Ihr Boot ins Wasser bringen, hängt neben der Größe Ihres Bootes und der Möglichkeit eines sicheren Trailerstellplatzes an Land natürlich auch davon ab, welches Revier Sie mit Ihrer Crew entdecken möchten.

Schauen Sie ein wenig beim Slippen an einer öffentlichen Rampe zu. Sie werden viele reibungslose und eingespielte Manöver sehen, aber auch einige, bei denen es sehr knapp und hektisch zugeht. Gute Vorbereitung und Erfahrung machen den Unterschied aus!

Die Planung

Über folgende Punkte sollten Sie sich Gedanken machen, bevor Sie den Trailer anhängen und losfahren:

- Wo werden Sie slippen? Einige Slipanlagen sind öffentlich und dürfen kostenlos benutzt werden. Bei Privatanlagen (wie etwa in vielen Clubhäfen) wird eine Gebühr fällig.
- Ist die Slipanlage gut geeignet? Nicht alle Slipanlagen sind für alle Bootsgrößen ausgelegt. Außerdem sollte genug Platz sein, um beim Slippen neben dem Trailer hergehen zu können.
- Ist Ihr Zugfahrzeug für den Trailer zugelassen und kraftvoll genug? Bei Heckantrieb können die Räder auf einer rutschigen Rampe schon mal wegrutschen. Ist der Trailer sehr schwer, können die Räder bei Frontantrieb die Bodenhaftung verlieren und durchdrehen.

- Dürfen Sie überall mit Ihrem Trailer fahren? Mancherorts gibt es lokale Regeln und Verbote, die den Verkehr mit Trailer einschränken.
- Ist der Wasserstand ausreichend? Diese Frage stellt sich besonders in Revieren mit Gezeitenwechsel. Und vergessen Sie nicht, dass Sie auch dann genügend Wasser haben müssen, wenn Sie das Boot wieder an Land holen wollen.
- Was macht das Wetter? An ungeschützten Anlagen kann das Slippen ungemütlich werden, wenn Wind und Wellen zu stark sind oder aus der falschen Richtung kommen.

Die Vorbereitung

Haben Sie den Hafen erreicht, müssen Sie Boot und Trailer zum Slippen vorbereiten. Dazu gehören folgende Schritte:

- Parken Sie bei der Ankunft nicht zu dicht an der Slipanlage.
- Entfernen Sie die Zurrgurte und die Abdeckplane.
- Überprüfen Sie den Bootsrumpf auf Beschädigungen während des Transports.
- Beladen Sie das Boot mit Ausrüstung und Vorräten.

Nach einer langen Fahrt sollten Sie bis zu 45 Minuten warten, damit die Radlager des Trailers abkühlen. Fahren Sie ihn sofort ins Wasser, zieht sich das Material so schnell zusammen, dass Wasser eindringen und die Schmierung aus dem Radlager herauswaschen kann.

Das Slippen

Wie weit Sie den Trailer ins Wasser fahren müssen, hängt von der Neigung der Rampe, der Größe und dem Gewicht des Bootes ab. Das Heck des Bootes muss aufschwimmen, bevor Sie es mit Maschinen- oder Muskelkraft vollständig vom Trailer ziehen können. Die Räder Ihres Zugfahrzeugs sollten besonders bei Seewasser möglichst auf dem Trockenen bleiben. So läuft das Manöver im Einzelnen ab:

1 Setzen Sie den Trailer rückwärts bis an die obere Kante der Sliprampe.

2 Dann setzen Sie langsam und kontrolliert weiter zurück, bis das Heck des Bootes aufschwimmt. Nun können Sie das Boot entweder vom Trailer schieben, oder Sie steigen selbst ein und fahren rückwärts, bis das Boot vollständig frei schwimmt.

Sollte die Rampe zu flach geneigt sein, um mit dem Gespann zu slippen, verbinden Sie Trailer und Zugfahrzeug durch ein Seil oder eine Stange zur Verlängerung. Nun können Sie den Trailer tief genug ins Wasser fahren, ohne das Zugfahrzeug zu gefährden.

1 An der oberen Kante der Rampe senken Sie das Stützrad ab, setzen die Bremse fest und hängen den Trailer vom Fahrzeug ab.

2 Befestigen Sie ein starkes Seil (oder eine Stange) mit geeigneten Knoten (Palstek) an der Anhängerkupplung und am Trailer.

3 Fahren Sie den Wagen nun nach vorn, bis sich das Seil spannt. Lösen Sie nun mithilfe einer zweiten Person die Handbremse am Trailer und lassen Sie ihn langsam die Rampe hinunter, bis das Heck des Bootes aufschwimmt. Eine Person muss dafür möglicherweise ins Wasser steigen.

Tipp

Der Einsatz eines Verlängerungsseils kann auch dann angebracht sein, wenn der untere Bereich der Rampe in Wassernähe besonders rutschig ist und die Räder zu wenig Griff behalten könnten.

Achtung! Um zu verhindern, dass das Boot schon auf der Rampe vom Trailer rutscht, dürfen Sie den Gurt von der Winde zur Bugöse erst dann lösen, wenn das Heck aufschwimmt. Außerdem müssen Boot und Trailer über eine weitere Sicherheitsleine verbunden sein, damit es nicht abtreiben kann.

Das Boot aus dem Wasser holen

In vielen Fällen genügt es schon, das Boot auf die Slipanlage zuzusteuern und rechtzeitig aufzustoppen. Wenn es flach genug ist, kann eine Person über Bord springen und das Boot am Bug festhalten, bis der Trailer ins Wasser gefahren wird. Wenn die Rampe dafür zu steil ist, sollte das Boot mit dem Bug auf den Trailer gefahren werden.

Auf den Trailer fahren

Bei diesem Manöver müssen Sie viel Augenmaß aufbringen und die Geschwindigkeit gefühlvoll kontrollieren. Bei der Anfahrt muss das Boot unter Berücksichtigung von Wind und Strom mit der Längsachse des Trailers in einer Linie bleiben, und das »V« des Bugs muss genau mittig auf den Trailer auflaufen!

1 Fahren Sie den Trailer auf der Sliprampe so weit ins Wasser, dass das Boot auf ihn herauffahren kann.
2 Trimmen Sie den Antrieb nach oben, um den Tiefgang zu verringern. Das Kühlwasser muss aber weiterlaufen.
3 Fahren Sie das Boot vorsichtig und mittig auf den Trailer hinauf, und bedenken Sie dabei Wind und Strom.
4 Nun können Sie aus dem Boot steigen und das Windenkabel an der Bugöse einhaken.
5 Wenn Sie eine Verlängerungsleine benutzt haben, setzen Sie die Räder des Trailers fest und verbinden Zugfahrzeug und Trailer. Abfahrt!
6 Bevor Sie sich auf die Heimreise machen, sollten Sie noch den Kühlkreislauf der Maschine

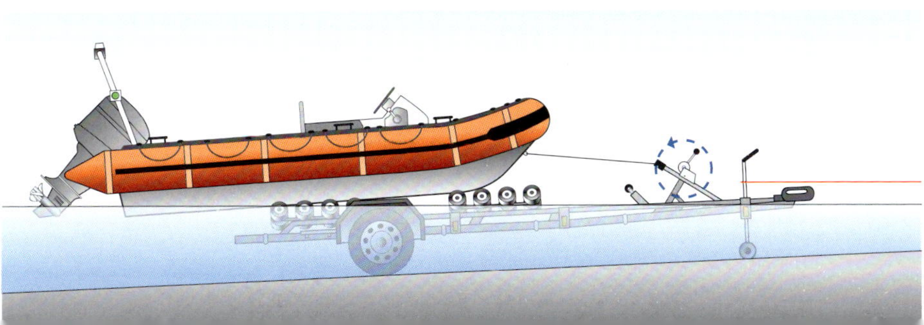

mit Frischwasser durchspülen und Boot und Trailer mit dem Schlauch abspritzen, um Schlamm, Algen und Seegras zu entfernen. Sollte Ihr Motor über keine spezielle Öffnung zum Spülen verfügen, können Sie auch einen Frischwasserschlauch an den Kühlwassereinlass anschließen. Starten Sie den Motor und lassen Sie ihn drei bis vier Minuten ausgekuppelt laufen. Das Bedienungshandbuch Ihres Motors sollte Ihnen genaue Anweisungen für die Pflege geben.

Achtung! Wenn Sie das Boot absetzen oder aufnehmen wollen und der Trailer nicht am Zugfahrzeug angekuppelt ist, sollte der Trailer tief genug im Wasser stehen. Der vordere Teil des Trailers kann sonst in die Höhe schießen, wenn das Gewicht auf dem hinteren Teil plötzlich erhöht wird.
Gefährlich wird es, wenn das Boot vom Trailer rutscht, das Windenkabel nicht gelöst und die Sperrklinke der Winde nicht eingerastet ist. Die Kurbel kann dann unkontrolliert rotieren und schwere Verletzungen verursachen. Niemals nach der Kurbel greifen!

Vor dem Trailern

- Vergewissern Sie sich, dass das Boot auf dem Trailer gut festgezurrt ist.
- Spannen Sie das Heck zusätzlich mit Gurten zwischen den Ösen am Heckspiegel und dem Trailerrahmen ab.
- Ein weiterer Gurt wird von der Winde durch die Bugöse im rechten Winkel zum Rahmen geführt.

Tipp

Schwere Boote auf steilen Sliprampen können bei Unfällen viel Schaden anrichten; gehen Sie das Manöver also immer in Ruhe an. Nehmen Sie sich die Zeit, alles gründlich zu planen und doppelt zu checken, bevor Sie mit dem Slippen beginnen. Solange Sie die Kontrolle behalten, sind Sie auf der sicheren Seite!

Fahrmanöver

Bevor Sie sich am Steuer wirklich sicher fühlen werden, müssen Sie zunächst wissen, wie sich ein Motorboot überhaupt verhält. Wie laufen die unterschiedlichen Manöver ab, wie werden sie durch Wind und Strom beeinflusst? Sie werden sehen: Mit der Übung kommt die Erfahrung und damit auch das nötige Selbstvertrauen. Das folgende Kapitel zeigt Ihnen, wie Sie Ihr Boot in den unterschiedlichsten Situationen dazu bringen können, genau das zu tun, was Sie mit ihm vorhaben.

Grundlagen

Ein Motorboot wird durch den drehenden Propeller bewegt, der das Boot durchs Wasser schiebt oder zieht, je nachdem, ob Sie voraus (also vorwärts) oder achteraus (rückwärts) fahren. Wenn Sie Gas geben, dreht sich der Propeller schneller und die Fahrtgeschwindigkeit steigt entsprechend. Dabei wird die Antriebsleistung bei Vorausfahrt in Schub umgesetzt. Kuppeln Sie aus, setzt die Antriebsleistung aus. Bei Fahrt achteraus dreht sich der Propeller dann in die andere Richtung. Das Boot wird schneller an Fahrt verlieren, aufstoppen und schließlich Fahrt achteraus machen. Ein Boot wird gesteuert, indem die Wirkungsrichtung des Schraubenwassers, das das Boot vorwärts treibt, verändert wird. Das passiert, wenn die Stellung des Ruderblatts (oder mehrerer Ruderblätter) geändert wird, das Antriebsaggregat eines Z-Antriebes oder der ganze Außenbordmotor bewegt wird. Dazu kommen andere Faktoren, die die Bootsbewegung beeinflussen.

Drehpunkte

Fährt ein Boot voraus, liegt sein Drehpunkt vom Längsmittelpunkt aus gesehen ein wenig in Richtung Bug. Bei Fahrt achteraus verschiebt sich der Drehpunkt dagegen nach hinten. Der Propeller »zieht« das Heck im wahrsten Sinne durch die Kurve. Während sich der hintere Bootsteil also schnell bewegt, braucht der Bug ein wenig länger, um die Richtungsänderung mitzumachen. Dieser Unterschied kann sehr wichtig sein, wenn es in einem engen Hafen darum geht, genau zu manövrieren!

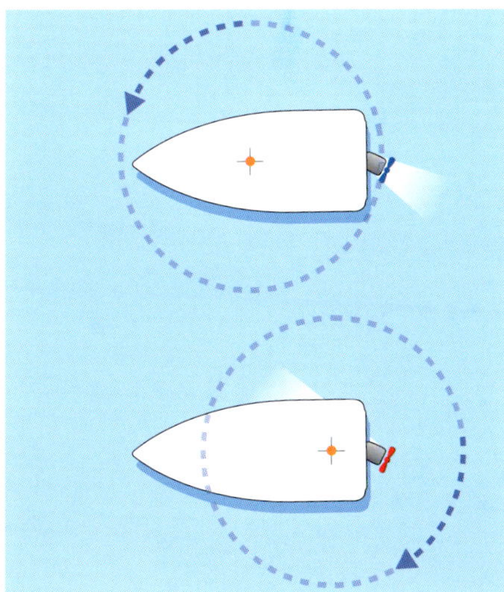

Der Radeffekt

Ein Propeller sorgt nicht nur für den gewünschten Vortrieb. Da er sich immer in eine Richtung dreht, lässt er das Heck gleichzeitig leicht zur Seite wandern. Man spricht vom Radeffekt, da der Propeller seitwärts durch das Wasser läuft, wie ein Rad über den Boden. Geht das Boot achteraus, macht sich der Radeffekt besonders stark bemerkbar, und je nach Rumpfform oder Propellertyp kann er erheblichen Einfluss auf die Manövriereigenschaften haben. Bei Außenbordmotoren und Z-Antrieben ist der Radeffekt dagegen kaum spürbar.

Fahrt achteraus

Macht ein Boot Fahrt achteraus, wird ein rechtsgängiger Propeller das Heck nach Backbord versetzen. Je nach Rumpfform kann der Radeffekt nun mehr oder weniger stark ausgeprägt sein, und viele Boote werden so langsam einen Vollkreis fahren, während die Versetzung bei anderen kaum spürbar ist. Beim Manövrieren auf engem Raum – besonders bei Booten mit nur einem Propeller – muss der Radeffekt daher immer einkalkuliert werden. In Vorausfahrt spielt der Radeffekt übrigens kaum eine Rolle.

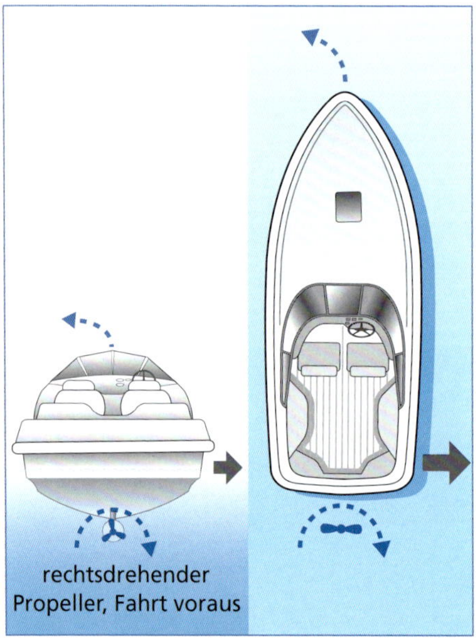

rechtsdrehender Propeller, Fahrt voraus

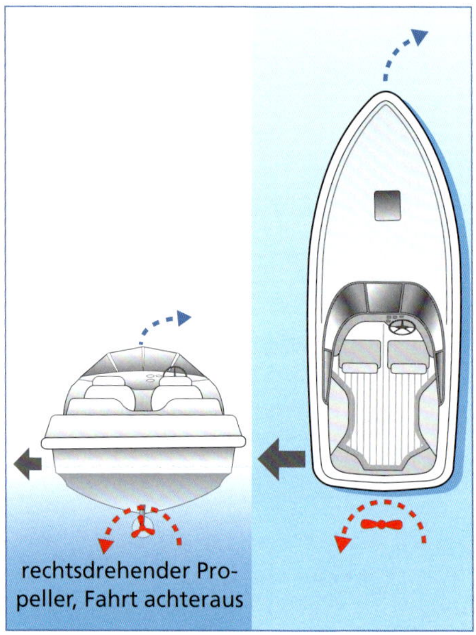

rechtsdrehender Propeller, Fahrt achteraus

Tipp

Sie können den Radeffekt gut testen, wenn das Boot längsseits festgemacht ist. Mit dem Ruder mittschiffs kuppeln Sie die Maschine achteraus ein und beobachten, unter welcher Rumpfseite das Schraubenwasser hervorkommt. Wird es an Steuerbord sichtbar, würde der Radeffekt das Heck also nach Backbord versetzen. Dieses Wissen kann nicht schaden, wenn Sie das erste Mal mit einem unbekannten Boot ablegen.

Der Strom

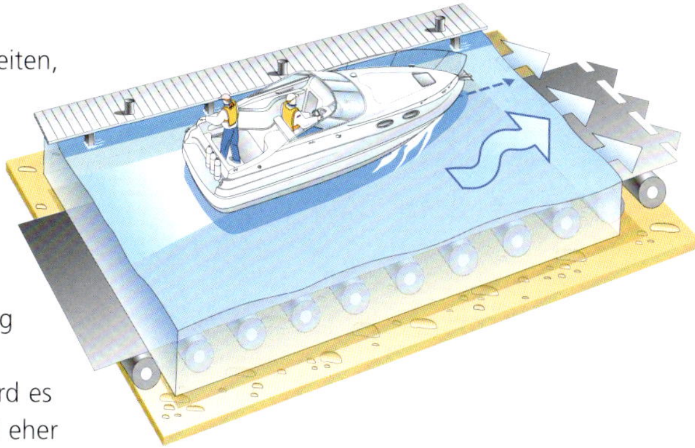

Strom wird durch den Wechsel der Gezeiten, die Fließgeschwindigkeit bei Flüssen oder durch andere, lokale Wasserbewegungen verursacht – etwa im Bereich von Schleusen. Seine Wirkung lässt sich gut mit der eines Fließbands vergleichen, das bewegungslose Gegenstände in die eine oder andere Richtung transportiert.

Wenn ein Boot mit dem Strom läuft, wird es sich schneller über Grund bewegen und eher ans Ziel kommen, da zur Bootsgeschwindigkeit der Strom hinzugerechnet werden kann. Läuft es stattdessen dagegen an, dauert die Fahrt länger: Von der Bootsgeschwindigkeit muss der Strom abgezogen werden.

Legt man gegen den Strom längsseits an, macht das Boot weniger Fahrt über Grund und nähert sich der Pier langsamer. Gleichzeitig bleibt es aber gut manövrierbar – ein großer Vorteil!

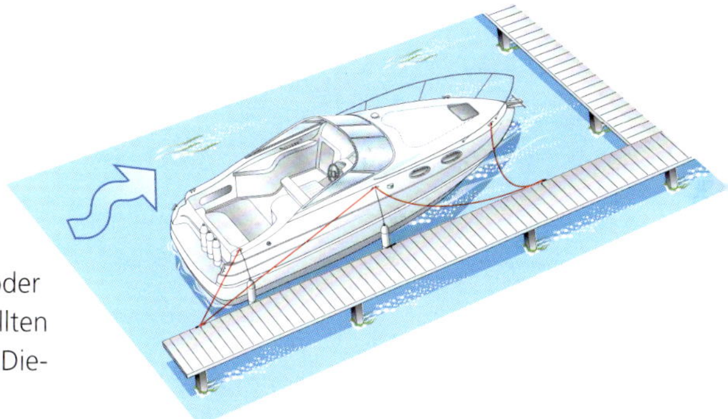

Die Stromrichtung feststellen

Strom kann ein Boot in Gefahr bringen oder es in die richtige Richtung treiben. Sie sollten also immer wissen, »wie der Strom setzt«. Diese Zeichen verraten es Ihnen:

- die Bewegungsrichtung von aufsteigenden Wasserblasen
- die Ausrichtung von Seegras am Steg
- Spannung auf bestimmten Leinen, während andere lose durchhängen
- »Bugwellen« an festen Objekten, wie beispielsweise Dalben oder fest vertäuten Booten
- die Neigung von schwimmenden, aber fest verankerten Seezeichen wie Schwimmstangen oder Tonnen.

Wenn Sie noch immer unsicher sind, suchen Sie sich zwei Landmarken in Deckungspeilung und fahren Sie langsam darauf zu. Verändert sich die Peilung bei gleichbleibendem Kurs, werden Sie versetzt. Stehen Wind und Strom gegeneinander, können Sie mit dieser Methode ebenfalls feststellen, welche der beiden Kräfte stärker ist. Und Sie sollten daran denken, dass die Strömung zum Ufer hin abnehmen und sich im Hafen anders verhalten kann.

Der Wind

Wind und Strom haben einen großen Einfluss auf das Manövrierverhalten eines Sportbootes. Gleiter beispielsweise bieten dem Wind eine große Angriffsfläche oberhalb der Wasserlinie. Ihr Unterwasserschiff ist dagegen flach, und mangels geringem Widerstand kann das Boot leicht vom Wind vertrieben werden. Verdränger sind nicht so windanfällig. Dafür wirkt sich der Strom bei ihnen wesentlich stärker aus.

Sie sollten immer wissen, woher der Wind weht. Achten Sie auf folgende Indikatoren:

- Flaggen im Hafen
- Verklicker auf den Masten von Segelyachten
- Bewegungen der Wasseroberfläche

Auch auf einem Motorboot kann ein Windanzeiger sehr nützlich sein – ein Wimpel tut es aber auch.

Der Wind wirkt sich in doppelter Weise auf Ihr Boot aus: Zunächst wird es, wenn es langsam fährt oder aufgestoppt liegt, zur Seite getrieben. Dieser Effekt kann beim längsseitigen Anlegen hilfreich sein – vorausgesetzt, man weiß, wie man ihn sich zunutze machen kann. Dabei ist natürlich Vorsicht geboten: Sie sollten die Abstände auf alle Hindernisse und die Driftgeschwindigkeit genau im Auge behalten!

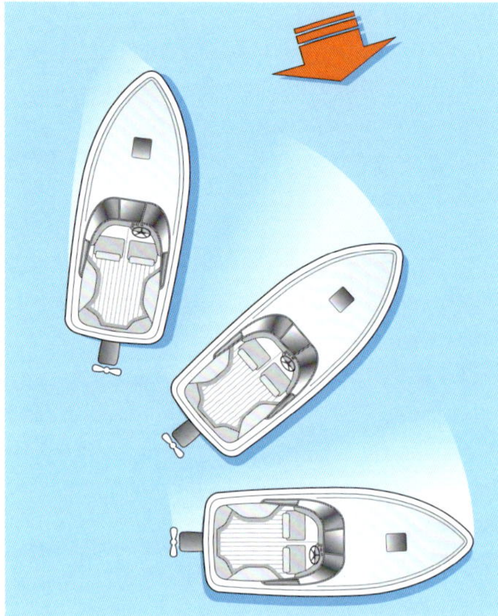

Außerdem dreht der Wind das Boot: Der schlanke Bug hat weniger Halt im Wasser als das Heck mit Ruderblättern, Wellen, Schrauben oder Antriebsaggregaten – er wird deshalb immer zuerst vom Wind herumgedrückt. Aus diesem Grund ist es keine leichte Angelegenheit, ein Motorboot bei geringer Fahrt im Wind zu halten. Lässt man das Boot treiben, wird es sich immer drehen, bis es mindestens quer zur Windrichtung liegt.

Am besten kann man seine Position halten, wenn man langsam rückwärts gegen den Wind anfährt. Der Schwerpunkt des Bootes wandert dann nach achtern, das Heck fängt den Wind auf, und der leichte Bug wird in Lee bleiben.

Tipp

Nutzen Sie Wind und Strom beim Manövrieren zu Ihrem Vorteil. Wenn Sie herausfinden, welche Kraft stärker wirkt, können Sie sie als natürliche Bremse einsetzen.

Wendemanöver

Wie das Wendemanöver abläuft, hängt von der Antriebsart des Bootes ab.

Außenbordmotor: Das Boot ist nur bei drehendem Propeller steuerbar. Die Ruderwirkung des Schafts allein ist gering und nimmt noch weiter ab, je langsamer das Boot wird.

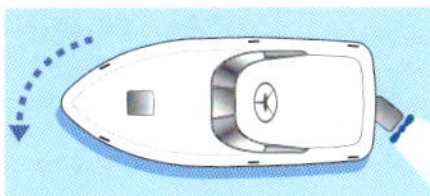

Z-Antrieb: Auch beim Z-Antrieb muss sich der Propeller drehen. Nur durch die Bewegung des Antriebsaggregats lässt sich das Boot nicht steuern.

Doppel-Z-Antrieb: Beim Wenden hat der außen liegende Motor größere Hebelkraft – ein großer Vorteil bei Manövern auf engem Raum. Um scharf nach Backbord zu drehen, muss also nur mit dem Steuerbordmotor gefahren werden.

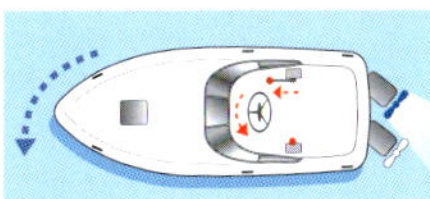

Wellenantrieb: Ein Boot mit konventioneller Wellenanlage wird durch Ruderlegen und kurzes, aber entschiedenes Gasgeben gewendet. Dabei darf nur dann der Gashebel betätigt werden, wenn das Ruder schon hart überliegt!

Doppel-Wellenantrieb: Wie beim Doppel-Z-Antrieb hat auch hier der außen liegende Motor größere Hebelkraft. Außerdem kann das Boot ganz ohne Ruderlegen gedreht werden, indem der eine Motor voraus, der andere achteraus eingekuppelt wird.

Eine Doppelmotorenanlage macht ein Boot also wesentlich manövrierfähiger. Allerdings verringert sich der Effekt, je kleiner das Boot ist. Befinden sich die beiden Motoren weniger als 1 m in seitlichem Abstand voneinander entfernt, wirkt er sich kaum noch aus.

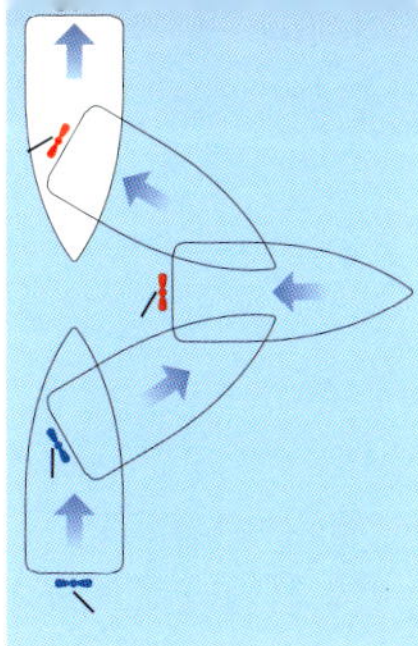

Wenden mit einfacher Wellenanlage

Ein Boot mit einer einfachen Wellenanlage und nur einem Propeller wird wie bereits erwähnt mit abwechselnden kurzen Schüben voraus und achteraus gewendet. Natürlich muss vor jedem Schub das Ruder voll in die entsprechende Richtung gelegt sein, sodass die Dreh- und nicht die Längsbewegung des Bootes gesteigert wird. Ein normaler Schub mit dem Gashebel sollte – je nach Bedingungen – etwa zwei Sekunden dauern.

1 Bringen Sie das Boot ungefähr in die Mitte Ihrer Wendefläche. Wenn Sie zu weit nach Backbord ausholen, könnte Ihr Heck dagegen den Steg berühren.
2 Fahren Sie langsam – zu viel Schwung vergrößert nur den Wendekreis.
3 Legen Sie das Ruder hart Steuerbord und geben Sie einen kurzen Schub voraus. Danach kuppeln Sie wieder aus.
4 Behalten Sie eventuelle Hindernisse und die Drehgeschwindigkeit des Bugs im Auge.
5 Nimmt die Drehgeschwindigkeit ab oder der Spielraum nach vorne ist begrenzt, kuppeln Sie achteraus ein. Ruderbewegungen sind nutzlos, da die Geschwindigkeit für eine Ruderwirkung nicht genügt. Nutzen Sie, falls möglich, lieber den Radeffekt, um das Heck in die gewünschte Richtung zu bringen.
6 Kuppeln Sie erneut aus und überwachen Sie die Drehbewegung.
7 Mit einem erneuten Schub voraus bringen Sie den Bug noch weiter herum. Das Ruder brauchen Sie nicht zu bewegen – es liegt ja noch immer hart Steuerbord.
8 Sobald Ihr Bug in die gewünschte Richtung zeigt, legen Sie das Ruder mittschiffs und kuppeln voraus ein. Wende geschafft!

Wenden mit einzelnem Z-Antrieb oder Außenbordmotor

Präzises Manövrieren mit einem Außenantrieb setzt konstantes Arbeiten mit dem Steuerrad voraus, da nur so die Schubwirkung des Schraubenwassers verändert werden kann. Um möglichst wenig Platz zu verschwenden, sollten Sie immer erst dann einkuppeln oder Gas geben, wenn Sie das Steuerrad bereits eingeschlagen haben. Das gilt auch für das Zurücksetzen mit Fahrt achteraus.

Denken Sie dabei jedoch an die Drehpunkte Ihres Bootes: Denn da der Drehpunkt bei Fahrt achteraus ja in Richtung Heck wandert, wird der Bug bei Wind besonders leicht herumgedrückt. Driftet er dabei zu weit herum, lassen Sie ihn einfach – wenn sich das Heck weiter in den Wind dreht, setzen Sie einfach kurz gegen den Wind zurück, gewinnen etwas Platz und setzen dann noch einmal neu an. Hier das Manöver Schritt für Schritt:

1. Fahren Sie langsam in die gewünschte Ausgangsposition. Dann stoppen Sie, kuppeln den Motor aus und schlagen das Steuerrad nach Steuerbord ein. Nun kuppeln Sie voraus ein, geben vorsichtig einen Schub mit dem Gashebel und beobachten, wie sich das Boot dreht. Sobald es vorne eng wird, kuppeln Sie wieder aus.
2. Jetzt andersherum: Sie schlagen nach Backbord ein und kuppeln die Maschine achteraus ein. Wieder können Sie ein wenig Gas geben, um die Drehung einzuleiten. Schauen Sie, was das Heck macht. Bevor der Platz zu knapp wird, kuppeln Sie wieder aus.
3. Nun wiederholen Sie die Abfolge, bis die Wende geschafft ist, egal wie viele Züge Sie dafür benötigen. Dann legen Sie das Steuer gerade, kuppeln ein und fahren weiter.

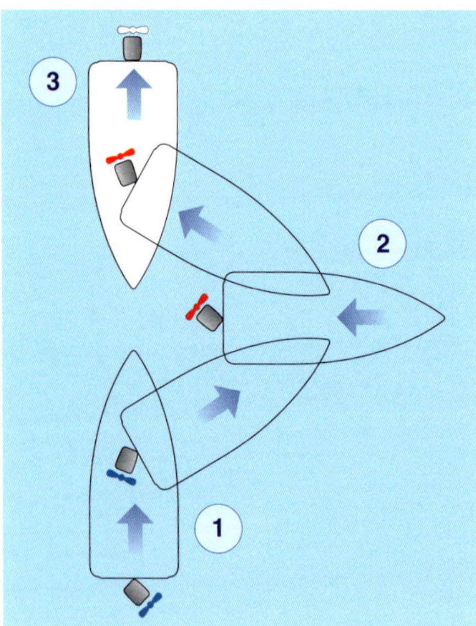

Tipp

Vergessen Sie nicht – die Goldene Regel lautet immer, zuerst mit dem Steuer einschlagen und erst dann Gas geben! So wird das Schraubenwasser vom ersten Moment an in die richtige Richtung gelenkt.

Tipp

Wenn das Manöver gründlich schiefgeht, bleiben Sie ruhig! Kuppeln Sie den Motor aus und sorgen Sie dafür, dass ein Fender den Aufprall abfedert. Also: Niemals überhastet Gas geben. Überlegen Sie sich stattdessen vor Manöverbeginn, welche schwierigen Situationen eintreten könnten und wie Sie aus ihnen herauskommen.

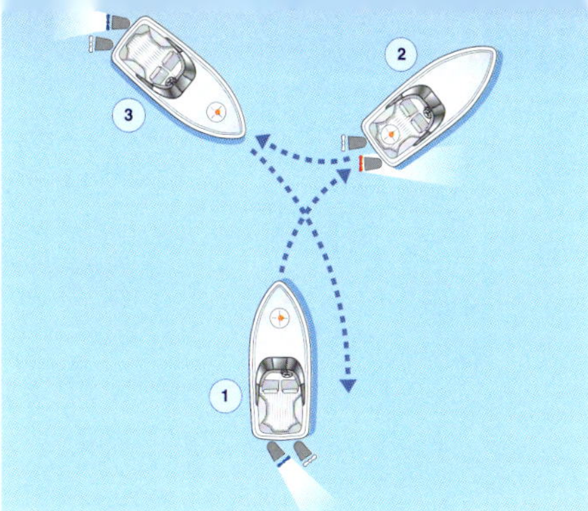

Wenden mit doppeltem Z-Antrieb oder Außenbordmotor

Beim Wenden mit doppeltem Außenantrieb werden die beiden Motoren abwechselnd eingesetzt. Wird das Steuer beispielsweise nach Steuerbord eingeschlagen, wird nur der (außen liegende) Backbordmotor voraus eingekuppelt. Ansonsten gilt auch hier, dass beim Fahren achteraus der Drehpunkt zum Heck hin wandert und dass das Steuerrad wechselseitig eingeschlagen werden muss. Im Einzelnen sieht das Manöver dann so aus:

1 Motoren Sie langsam auf die Wendefläche zu. Dann stoppen Sie, kuppeln aus, schlagen das Steuerrad nach Steuerbord ein und kuppeln nur den Backbordmotor voraus ein. Geben Sie kurz etwas Gas, und der Bug wird herumkommen. Sobald es eng wird, kuppeln Sie wieder aus.

2 Wenn Sie das Steuer dann nach Backbord eingeschlagen haben, kommt die Steuerbordmaschine an die Reihe: Rückwärts einkuppeln und schauen, wohin das Heck sich bewegt. Hat das Boot weit genug gedreht, kuppeln Sie erneut aus.

3 Nun wiederholen Sie die Abfolge, bis die Wende geschafft ist. Dann legen Sie das Steuer gerade, kuppeln ein und fahren weiter.

Wenden mit doppeltem Wellenantrieb

Boote mit doppeltem Wellenantrieb lassen sich besonders gut manövrieren. Die weit auseinanderliegenden Schrauben sorgen für optimales Drehverhalten auf engem Raum. Sie können das Boot sogar innerhalb seiner eigenen Länge drehen, wenn Sie beide Motoren gleichzeitig in entgegengesetzte Richtungen laufen lassen. Der innen liegende Motor muss dafür achteraus und der außen liegende Motor voraus eingekuppelt sein. Geben Sie leicht Gas mit beiden Schalthebeln, um das Manöver mit kontrolliertem Schwung einzuleiten. Zusätzlich können Sie natürlich auch noch das Ruder zu Hilfe nehmen.

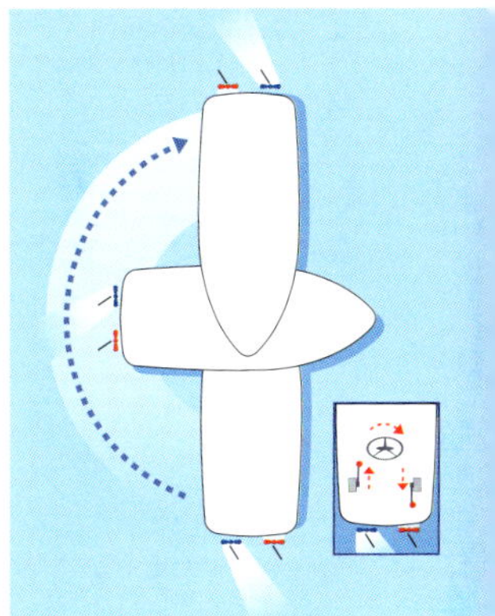

Das Ganze erfordert etwas Übung. Sie können natürlich immer, wenn die Umstände es erfordern, auch mit doppeltem Wellenantrieb eine Wende mit abwechselnden Motoren fahren.

Tipp

Alle Boote verhalten sich unterschiedlich; wenden Sie das Verfahren für ein Boot mit doppeltem Wellenantrieb auch bei einem Doppel-Z-Antrieb oder bei zwei Außenbordern an, um den Unterschied zu spüren. Mit der Zeit werden Sie ein Gefühl dafür entwickeln, was bei welchem Typ am besten funktioniert.

Tipp

Bei Booten mit Doppelmotorenanlage sollte man eher mit wenig Gas arbeiten. Geht die Drehung zu schnell in eine Richtung, nehmen Sie voraus lieber ein bisschen Gas weg oder kuppeln kurz ganz aus, statt mehr Rückwärtsschub mit der anderen Maschine zu geben.

Drift beim Wenden

Ein Boot, das durch eine Kurve fährt, verhält sich ähnlich wie ein Auto auf vereister Fahrbahn: Da es nur wenig Widerstand auf der Wasseroberfläche hat, wird es durch seine Trägheit in der Kurve nach außen wegdriften. Je höher die Geschwindigkeit ist, desto stärker wird der Effekt auftreten. Leiten Sie die Kurve also niemals zu spät ein, sonst kann Sie die seitliche Abdrift genau in das Hindernis hineinbefördern, dem Sie eigentlich ausweichen wollten!

Wenden bei Wind und Strom

Wenn Sie unter Einwirkung von Wind, Strom oder beidem wenden müssen, sollten Sie mit dem Bug immer durch das Element mit dem größeren Einfluss drehen – bei Motorbooten ist das meist der Wind. Ist der Bug erst einmal durch den Wind gegangen, hilft er, das Boot weiter herumzudrücken. Achten Sie während des Manövers aber auf Änderungen in der Windrichtung und kalkulieren Sie dennoch den Strom mit ein!

1 Schlagen Sie das Steuer nach Steuerbord ein, sodass der Bug in Richtung Wind dreht, sobald Sie voraus einkuppeln und Gas geben.
2 Sobald der Bug durch den Wind ist, kuppeln Sie aus und schlagen das Steuer in die entgegengesetzte Richtung ein. Jetzt wird achteraus eingekuppelt.
3 Sobald der Bug in die gewünschte Richtung zeigt, können Sie auskuppeln, das Steuer mittschiffs legen, voraus einkuppeln und wieder Gas geben.

Nicht vergessen!

Der Wind kann Ihnen helfen, wenn Sie ihn richtig nutzen. Er kann Sie aber auch in ein Hindernis treiben. Lassen Sie also immer ausreichend Sicherheitsabstand.

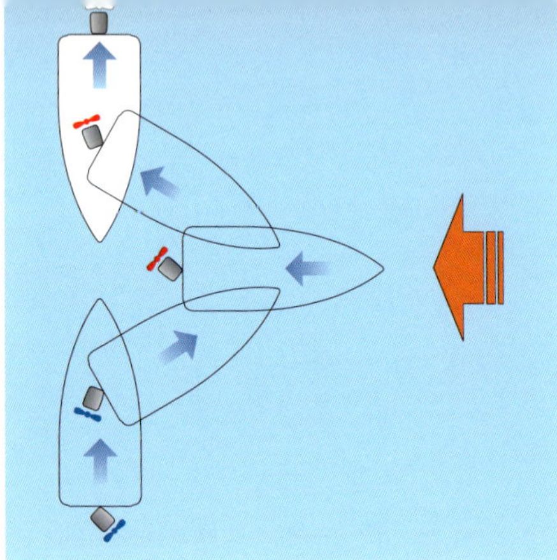

Immer zuerst Ruder legen, dann einkuppeln und Gas geben.

Bei Fahrt achteraus wandert auch der Drehpunkt nach achtern.

Bei Booten mit Außenbordmotor ist der Bug besonders leicht und kann bei stärkerem Wind sehr schnell abdriften.

Ein Bugstrahlruder kann dabei helfen, den Bug in der richtigen Richtung zu halten. Um ihn jedoch allein durch den Wind zu drücken, reicht seine Leistung meist nicht aus.

Tipp

Wenn die Elemente stärker sind und der Bug nach Lee abdriftet, lassen Sie ihn einfach! Sobald das Heck weit genug im Wind liegt, können Sie mit Fahrt achteraus wieder Raum gewinnen und das Manöver noch einmal von vorn beginnen.

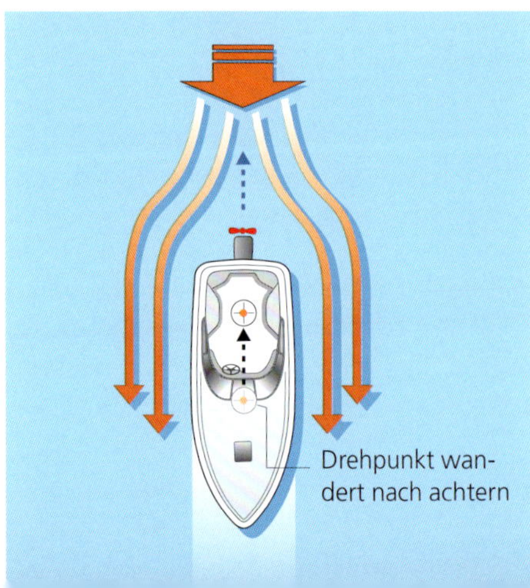

An- und Ablegen

Ablegen vom Steg

Das Ablegen ist ein vergleichsweise einfaches Manöver. Wenn Sie genug Platz nach vorne und hinten haben und weder Wind noch Strom stören, kann bei kleineren Booten schon ein kraftvolles Abstoßen ausreichen. Größere Boote jedoch müssen auch bei idealen Bedingungen mit Maschinenunterstützung vom Steg weggefahren werden. Das funktioniert am besten, wenn Sie »rückwärts ausparken«:

1. Legen Sie das Ruder vom Steg weg – also in diesem Fall nach Steuerbord.
2. Kuppeln Sie die Maschine achteraus ein.
3. Sobald sich das Heck vom Steg entfernt hat, legen Sie das Ruder wieder mittschiffs.
4. Wenn sich das Boot in freiem Wasser befindet, können Sie Fahrt voraus aufnehmen und auf Kurs gehen.

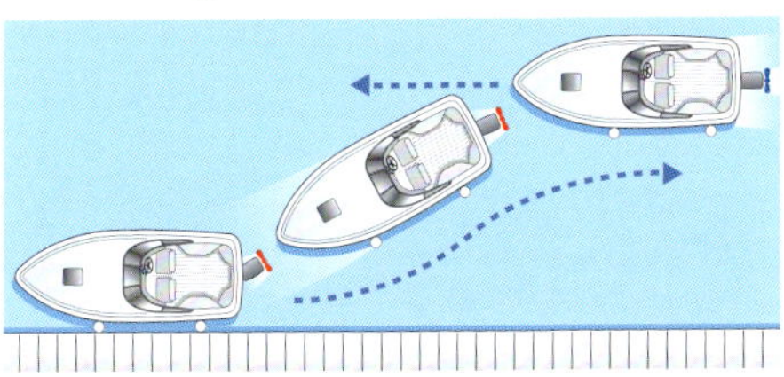

Da der Rumpf eines Sportbootes zum Bug hin spitz oder zumindest abgerundet zuläuft, können Sie diesen Bereich auch mit Fendern sichern und – mit Ruderlage zum Steg hin – einmal kurz voraus einkuppeln. Der Bug drückt sich in die Fender, während sich das Heck vom Steg wegdreht. Bei Booten mit einfacher Wellenanlage funktioniert diese Technik besonders gut.

Doppel-Z-Antrieb

Wenn Sie das Ruder vom Steg weg legen und gleichzeitig nur den Motor auf der vom Steg gesehen außen liegenden Bootsseite achteraus einkuppeln, wird sich das Heck ebenfalls vom Steg wegbewegen.

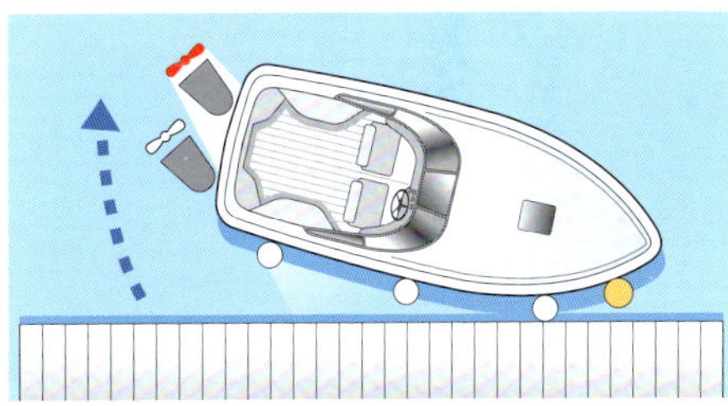

Doppel-Wellenanlage

Fendern Sie den Bug gut ab und kuppeln Sie nur den innen (also am Steg) liegenden Motor achteraus ein. Wenn der Wind Sie auf den Steg drückt, sollten Sie zusätzlich das Ruder zum Steg hin legen und den außen liegenden Motor kurz voraus einkuppeln. Eine Leine – etwa eine Vorspring – kann bei dem Manöver ebenfalls helfen.

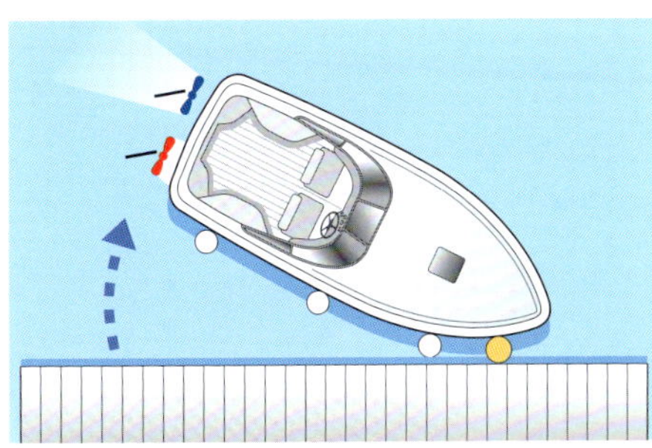

Ablegen mit Leinenunterstützung

Wenn Wind oder Strom Sie gegen den Steg drücken oder der Platz zum Manövrieren begrenzt ist, kann eine Leine zur Unterstützung der Drehbewegung sehr hilfreich sein.

Zurücksetzen an der Vorleine

Dieses Manöver funktioniert bei allen Antriebstypen mit Ausnahme der einfachen Wellenanlage. Bei Doppelmotorenanlagen sollte immer mit dem Motor auf Stegseite gefahren werden.

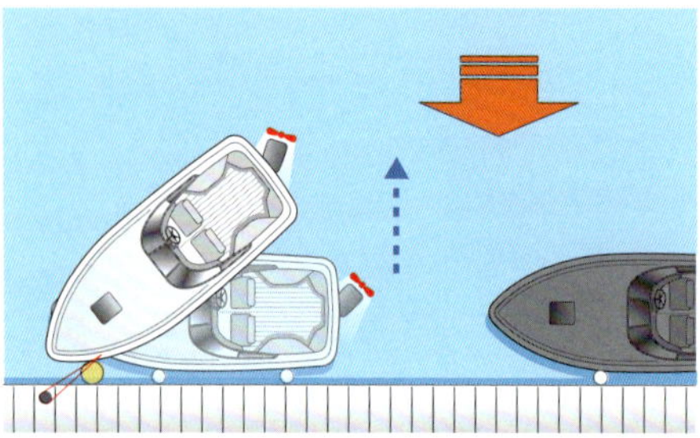

1 Legen Sie die Vorleine auf Slip.
2 Fendern Sie den Bug gut ab!
3 Legen Sie das Ruder weg vom Steg.
4 Das Boot wird sich nun langsam um den Drehpunkt am Bug mit dem Heck vom Steg wegbewegen.
5 Ist das Heck frei, kuppeln Sie aus.
6 Nun können Sie die Vorleine slippen und einholen.
7 Kuppeln Sie achteraus ein und bewegen Sie das Boot komplett in freies Wasser.

Eindampfen in die Vorspring

Bei Booten mit einfacher Wellenanlage ist das folgende Manöver üblich:

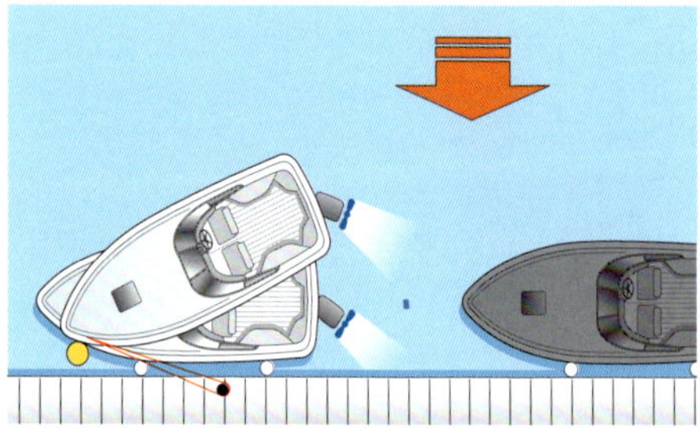

1 Legen Sie die Vorspring auf Slip.
2 Fendern Sie auch hier den Bug gut ab!
3 Legen Sie das Ruder zum Steg hin.
4 Wieder bewegt sich das Heck des Bootes um den Drehpunkt am Bug vom Steg weg.
5 Ist das Heck frei, kuppeln Sie aus.
6 Slippen Sie die Vorspring.
7 Ist sie eingeholt, kuppeln Sie achteraus ein und bewegen Sie das Boot komplett in freies Wasser.

> *Achtung!* Wenn Sie vorwärts ablegen, wird das Heck aufgrund des weit vorn liegenden Drehpunktes gegen den Steg gedrückt!

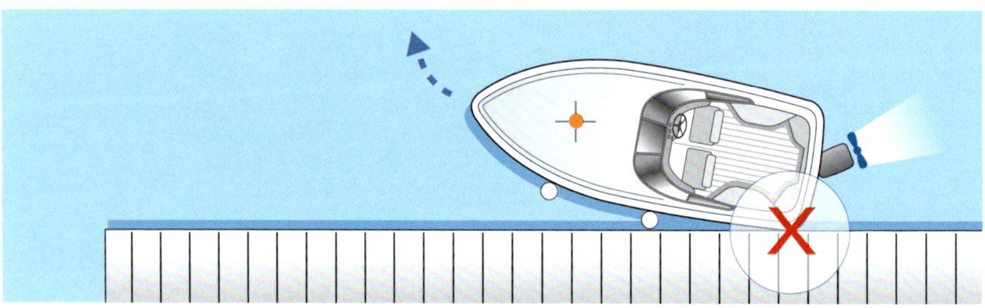

Längsseits anlegen

Manöver auf engem Raum zwischen Stegen und anderen Booten laufen wesentlich entspannter ab, wenn Sie sich vorher einen Ablaufplan zurechtlegen. Dazu gehört, den Einfluss der Elemente mit einzukalkulieren! Die folgenden Fragen sollten Sie klären, bevor Sie den Anlauf starten:

- Wie verhalten sich Wind und Strom, und wie können sie das Manöver beeinflussen? Versuchen Sie, die Elemente zu Ihrem Vorteil zu nutzen, etwa wenn Sie gegen den Wind anlegen und Ihr Boot somit deutlich langsamer wird, aber noch immer manövrierbar bleibt.
- Weiß jede Person an Bord, was zu tun ist? Weisen Sie die Besatzung ein, und nehmen Sie eine eindeutige Aufgabenverteilung vor.
- Sind Leinen und Fender vorbereitet?
- Haben Sie einen Ausweichplan in der Reserve, falls nicht alles wie gewünscht läuft?

Im Idealfall sollte das Anlegen in einer einzigen, flüssigen Bootsbewegung geschehen – mit entsprechender Übung wird es Ihnen gelingen. Um den Ablauf verständlich zu machen, kann man das Manöver aber auch in mehrere Schritte aufteilen:

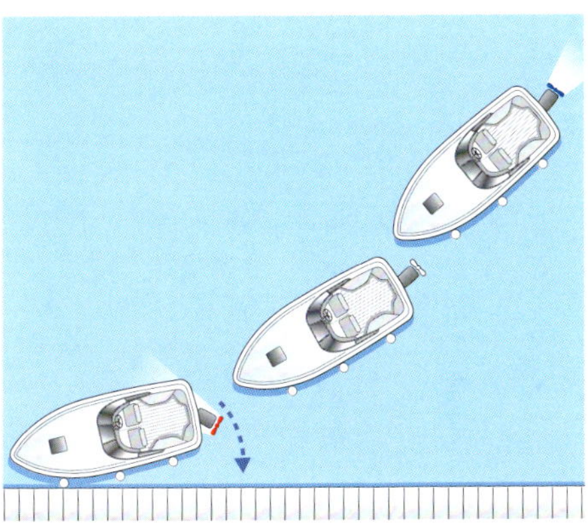

1 Starten Sie den Anlauf aus einer Entfernung, aus der alle örtlichen Gegebenheiten zu erkennen sind. Der Anfahrtswinkel sollte zwischen 30° und 40° zum Steg betragen. Fahren Sie so langsam wie möglich, zwischenzeitliches Auskuppeln reduziert die Geschwindigkeit.

2 Wenn Sie sich dem Liegeplatz bis auf etwa eine Bootslänge genähert haben, legen Sie das Ruder vom Steg weg und kuppeln kurz voraus ein. Das Boot kommt nun längsseits, Sie müssen nur noch aufstoppen, wenn Sie noch Fahrt machen.

3 Sie können das Heck auch anders längsseits bringen: Legen Sie das Steuer zum Steg hin und kuppeln Sie kurz achteraus ein.

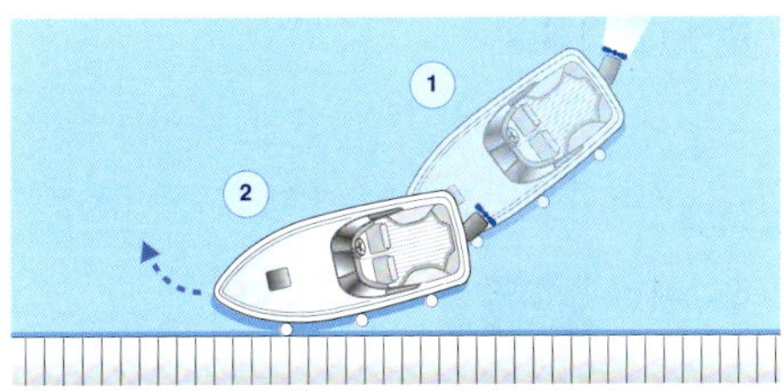

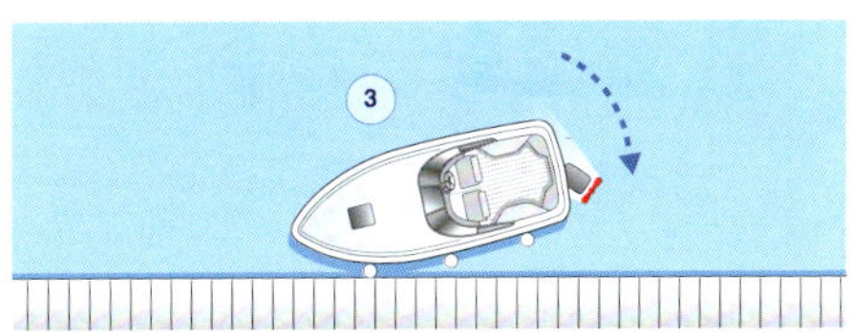

Tipp

Vergessen Sie nicht, dass beim Längsseits anlegen Sicherheit vor Schönheit geht. Das Manöver muss nicht immer »perfekt« aussehen. Lassen Sie ihre Crew nicht von Bord auf den Steg springen, wenn noch keine Leinenverbindung besteht. Erklären Sie vorher stattdessen, wie man die Leine sicher über eine Klampe oder einen Poller wirft (s. Seite 71).

Anlegen mit Leinenunterstützung

Nicht nur beim Ablegen können Leinen helfen; beim längsseitigen Anlegen kann man sie genauso einsetzen – besonders, wenn der Wind das Boot vom Steg wegdrückt.

1 Machen Sie die Vorleine an Land fest. Sie können sie über den Poller oder die Klampe werfen oder – noch besser – an einen Helfer auf dem Steg übergeben.
2 Legen Sie das Ruder nun zum Steg hin. Danach kuppeln Sie sofort achteraus ein.
3 Das Boot wird sich nun langsam mit dem Heck an den Steg ziehen. Machen Sie die Achterleine an Land fest, bevor Sie auskuppeln. Das Boot liegt längsseits!

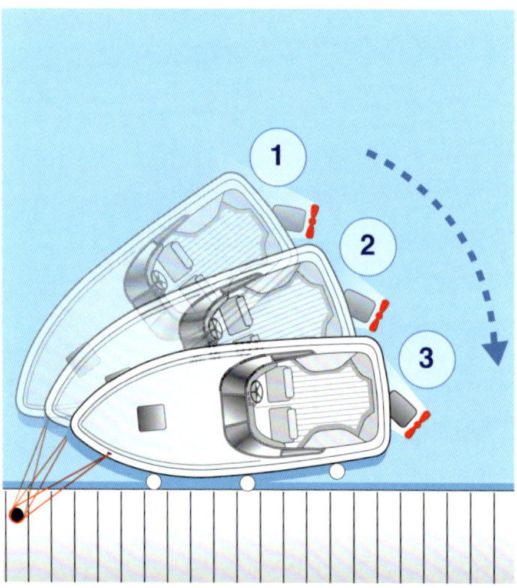

Bei Booten mit hohem Freibord (und dementsprechend viel Windwiderstand) oder schlecht zugänglichem Bug kann es einfacher sein, das Heck in den Wind zu drehen und sich dann mit Fahrt achteraus dem Steg zu nähern.

1 Fendern Sie das Heck gut ab (besonders jene Stellen, die schlecht einzusehen sind, wie etwa die Badeplattform).
2 Machen Sie die Achterleine an Land fest. Dabei sollten Sie zwischen Heck und Steg 1 bis 2 m Platz lassen.
3 Legen Sie das Ruder nun zum Steg hin. Danach kuppeln Sie sofort voraus ein. Das Boot wird nun wie von selbst längsseits kommen.

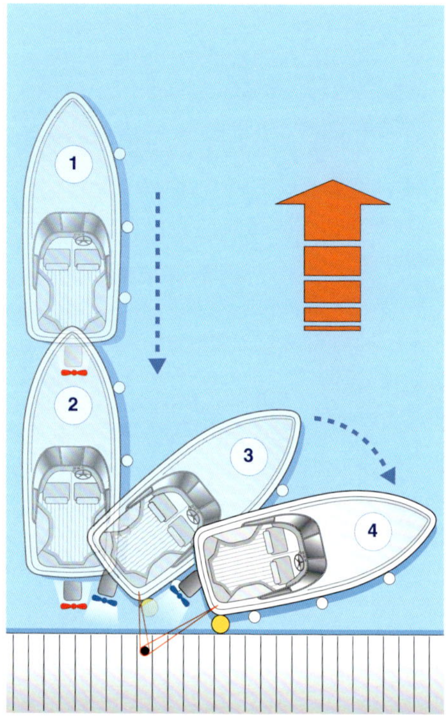

Doppelmotorenanlage

Nähern Sie sich dem Steg, indem Sie die beiden Motoren abwechselnd auskuppeln, um die Geschwindigkeit gering zu halten. Ist der Bug nah am Steg, machen Sie die Vorleine an Land fest. Kuppeln Sie den außen liegenden Motor nun achteraus ein. Das Boot zieht an der Vorleine und dreht sich mit dem Heck zum Steg. Sobald das Boot längsseits liegt, können Sie auch die Achterleine festmachen.

Anlegen im Yachthafen

Wenn Sie in einem Yachthafen festmachen wollen, ist aufgrund des begrenzten Platzes immer besondere Sorgfalt geboten. In manchen Marinas kann es hilfreich (oder sogar vorgeschrieben) sein, dass Sie sich über UKW-Funk oder Handy anmelden. Man wird Ihnen dann sagen, wo sich ein freier Liegeplatz befindet.

Stellen Sie klar, welchen Einfluss Wind und Strom auf den Liegeplatz haben werden und wie er genau beschaffen ist (wie hoch ist der Steg, ist er rutschig, sind Klampen oder Poller an passender Stelle vorhanden?). Sagen Sie ihrer Crew genau, wie das Anlegemanöver ablaufen soll und lassen Sie sie die Fender und Leinen vorbereiten. Achten Sie auf angemessene Geschwindigkeit und genügend Platz, um das Manöver abzubrechen und einen zweiten Anlauf zu starten. Normalerweise sollten Sie sich behutsam und langsam annähern. Sind Wind oder Strom jedoch stärker, müssen Sie bereit sein, an der richtigen Stelle mehr Gas zu geben.

Vergleichen Sie verschiedene Liegeplätze:

A Ein guter Platz! Die Anfahrt gegen den Wind wird das Boot langsamer machen, steuerbar bleibt es dennoch. Mit dem richtigen Schwung sollte sich das Manöver in einer einzelnen Bewegung ausführen lassen.

B Die Trägheit wird während der Drehbewegung des Bootes dafür sorgen, dass das Heck ausbricht und sich vom Liegeplatz entfernt. Vorsicht ist geboten!

C Mit dem Heck im Wind lässt es sich leicht zurücksetzen und am Steg längsseits bringen.

D Der Wind wird das Boot mit dem Bug auf den Steg schieben. Achten Sie auf Ihre Geschwindigkeit und machen Sie als Erstes die Achterleine fest, da sie die Luvleine ist.

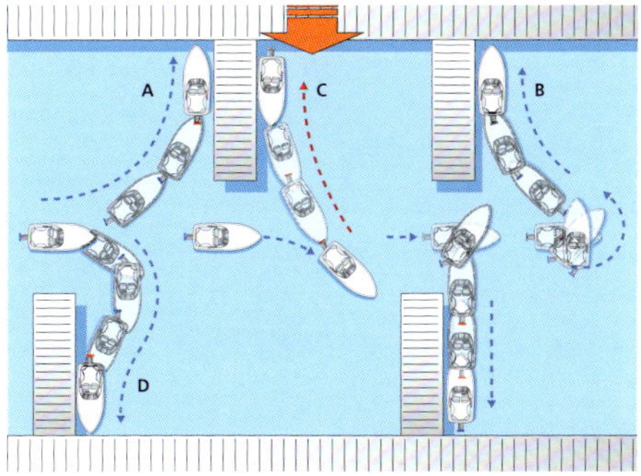

Einsatz von Bug- und Heckstrahlruder

Sollte Ihr Boot mit Bug- und Heckstrahlruder ausgerüstet sein, zögern Sie nicht, diese zusätzlichen Hilfsmittel auch einzusetzen, um den Effekt von Wind und Strom auszugleichen. Setzen Sie die Strahlruder jedoch immer nur in kurzen Schüben ein, um sie nicht zu überlasten.

Anlegen bei Wind und Strom

Es ist möglich, sich dem gewünschten Liegeplatz auch seitwärts anzunähern – wenn die Elemente helfen. Setzen Wind und Strom parallel zum Steg, müssen Sie den Bug nur leicht zum Land hin halten und die Geschwindigkeit, mit der das Boot nach achtern versetzt wird, mit den Motoren ausgleichen. Das Boot wird langsam und kontrolliert längsseits kommen.

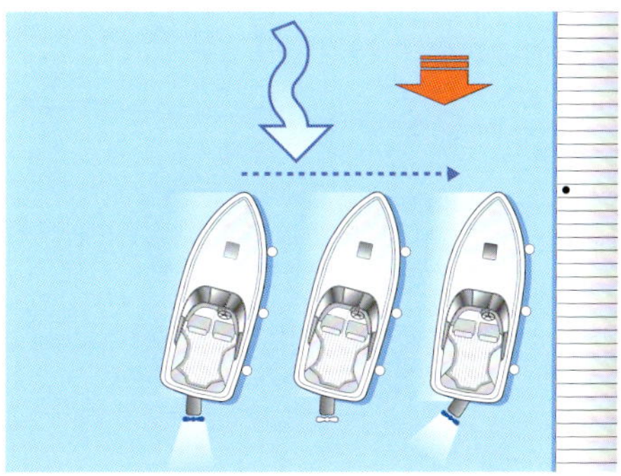

Die Box

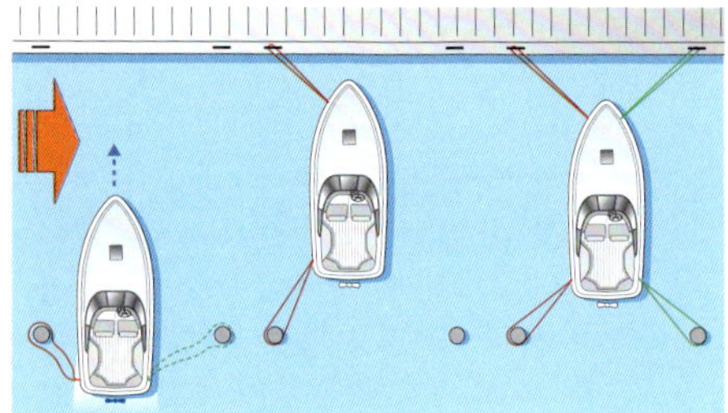

In Nordeuropa verfügen viele Häfen dagegen über Steganlagen mit einer Dalbenreihe davor. Die Dalben können aus Holz oder Metall sein, manchmal sind sie zusätzlich mit Gummi gepolstert. Zwei Dalben bezeichnen eine Box. Man macht zwischen ihnen mit je zwei Vorleinen am Steg und zwei Achterleinen zu den Dalben fest.

1 Bereiten Sie alle vier Leinen und Fender an beiden Seiten vor. Passt Ihr Boot von der Breite gerade eben in die Box, bringen Sie die Fender erst aus, wenn Sie zwischen den Dalben hindurch sind.

2 Führen Sie die Achterleinen außerhalb der Reling auf beiden Seiten nach vorn bis nach mittschiffs.

3 Laufen Sie langsam in die Box ein. Halten Sie sich dabei dicht am Luvdalben und legen Sie die luvseitige Achterleine darüber, sobald das Boot den Dalben mittschiffs passiert.

4 Wenn Sie jetzt noch Zeit haben oder die Crewstärke es erlaubt, legen Sie die andere Achterleine über den Leedalben. Während Sie weiter einlaufen, müssen die Leinen gefiert werden!

5 Kurz vor dem Steg stoppen Sie auf. Zuerst wird die luvseitige Bugleine an Land gebracht und belegt, dann folgt die Leeleine.

6 Nun können Sie alle vier Leinen noch einmal in Ruhe überprüfen, eventuell fieren und dichtholen, bis das Boot gut ausbalanciert in der Box liegt.

Es kommt vor, dass sich auf einer Seite ein Fingersteg befindet, um das Ein- und Aussteigen zu erleichtern. Sie können das Boot dann in sicherer Entfernung vom Steg halten, indem Sie Vor- und Achterleine auf der Seite des Dalbens dichtholen.

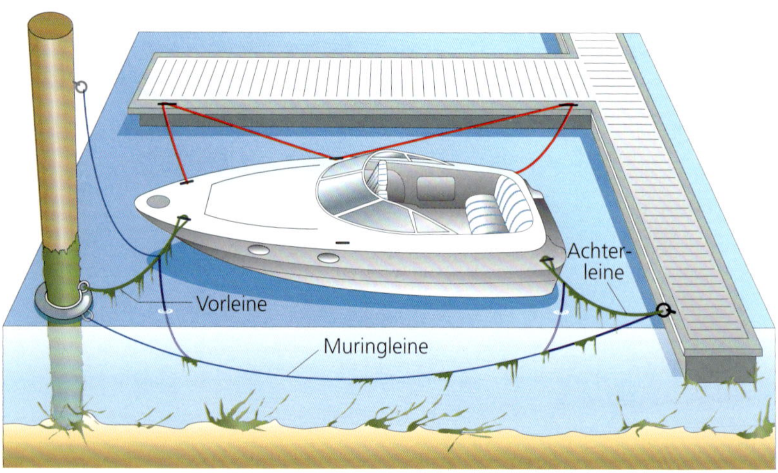

Besondere Murings

Mit dem Heck zum Steg

Besonders in Südeuropa findet man viele Marinas, die mit Murings ausgestattet sind. Dort wird entweder mit dem Bug, meistens aber mit dem Heck zum Land angelegt. Mit den Achterleinen wird das Boot dicht genug an die Pier gebracht, während der Bug vom eigenen Anker oder der im Hafen fest verankerten Muring gehalten wird.

Das Manöver mit eigenem Anker

Bringen Sie an beiden Seiten und am Heck Fender aus und bereiten Sie beide Achterleinen vor.

1 Machen Sie den Anker klar.
2 Sobald Sie noch vier Bootslängen von der Pier entfernt sind, lassen Sie ihn fallen und stecken langsam Kette aus.
3 Bei einer Bootslänge Entfernung zur Pier setzen Sie die Kette fest, sodass der Anker greift. Danach stecken Sie noch so viel Kette aus, wie zum Erreichen der Pier nötig ist.
4 Belegen Sie zuerst die Achterleine in Luv und dann die Leeleine.
5 Sind die Leinen ausgerichtet, holen Sie die Ankerkette so weit ein, dass das Heck nicht mehr gegen die Pier schlagen kann.

Mit dem Bug zum Steg

Wenn ein Heckanker ausgebracht wird, kann auch mit dem Bug zum Steg angelegt werden. Mithilfe der Ankerleine wird das Boot dann zwischen den beiden Vorleinen zentriert.

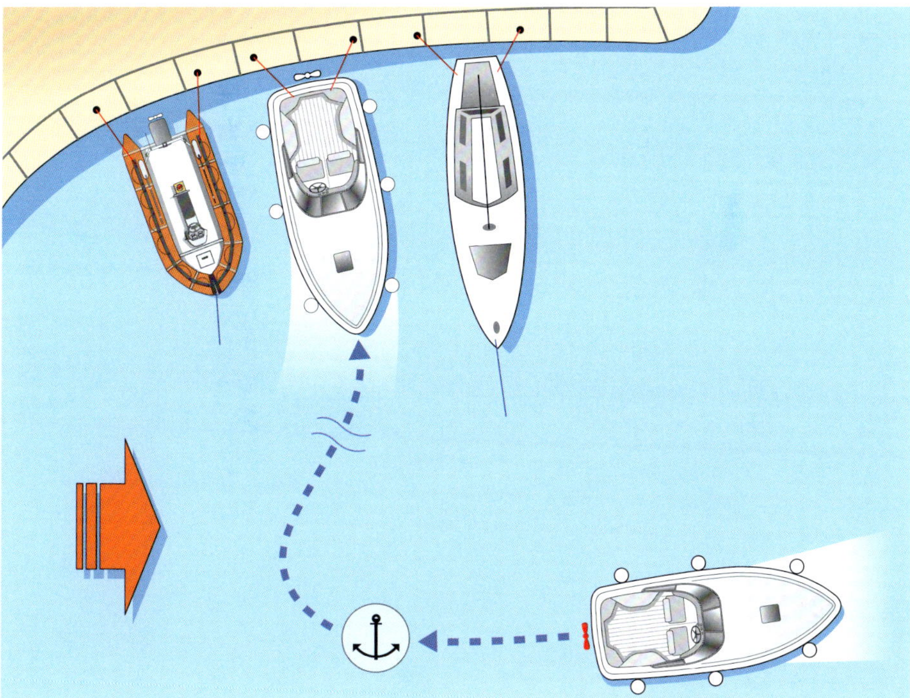

Die Muringleine

In engen, oft überfüllten Häfen gibt es häufig vorbereitete Murings. Dabei handelt es sich um einen Betonblock auf dem Grund des Hafens, von dem Leinen oder Ketten zur Pier laufen. So wird verhindert, dass von den einzelnen Yachten ausgebrachte Anker sich ineinander verheddern. Statt vom eigenen Anker wird der Bug des Bootes also von der Muringleine gehalten.

Festmachen mit Muringleinen

1 Bringen Sie zu beiden Seiten und am Heck Fender aus und bereiten Sie die beiden Achterleinen vor.
2 Fahren Sie mit geringer Fahrt rückwärts auf die Pier zu.
3 Sobald die Distanz gering genug zum Übersteigen ist, stoppen Sie auf und machen die luvseitige Achterleine an Land fest.
4 Jetzt wird die luvseitige Muringleine an der Pier aufgenommen, am Boot entlang zum Bug geführt und dort festgemacht.
5 Zum Schluss folgt die zweite Heck- und eventuell die zweite Muringleine.
6 Auf Handschuhe sollten Sie bei diesem Manöver auf keinen Fall verzichten! Die Leinen und Ketten sind oft sehr dreckig vom Hafenschlick. Ketten können stark verrostet oder mit Muscheln bewachsen sein.

Ist die luvseitige Achterleine erst einmal festgemacht, können Sie das Boot mit leichten Schüben voraus mit der leeseitigen Maschine in Position halten.

Tipp
Wenn Sie keine Bedenken haben, schicken Sie ein Crewmitglied mit einem einzelnen, losen Fender auf das Vorschiff. Falls es dann eng wird, steht sofort jemand bereit, der das Boot abfendern kann. Sollte der Wind ungünstig stehen oder sehr wenig Platz zum Manövrieren sein, setzen Sie vorher eine Person an Land ab, die Sie einweisen und Ihre Leinen entgegennehmen kann.

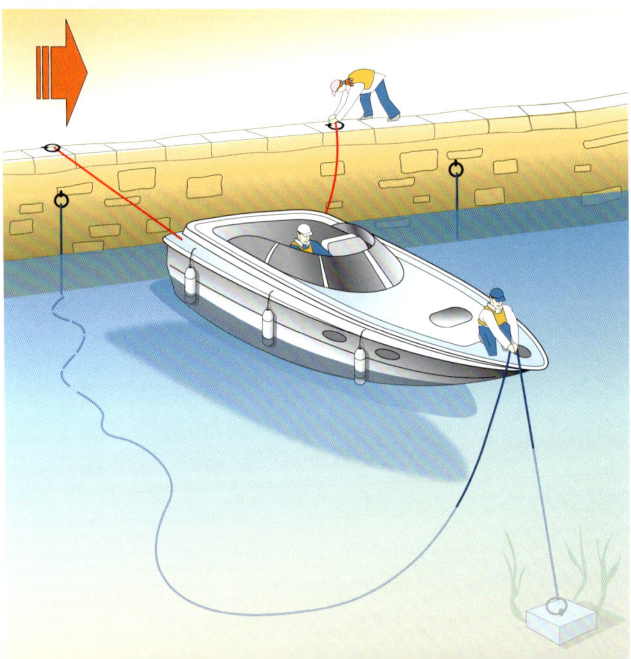

Muringbojen

Aufnehmen einer Muringboje

Muringbojen werden von offiziellen oder privaten Betreibern ausgelegt. Sie sind entweder dauerhaft vergeben oder stehen – häufig speziell gekennzeichnet – Gastliegern zur Verfügung. Ihre Position ist oft in Hafenhandbüchern oder Seekarten markiert.

Die Bojen gibt es in unterschiedlichen Ausführungen; einige verfügen über praktische Metallringe am oberen Ende zum Aufnehmen und Festmachen, bei anderen markiert ein zusätzlicher Schwimmkörper die Muring und hilft beim Aufnehmen.

Bevor Sie an einer Muringboje festmachen, sollten Sie folgende Punkte bedenken:

- Suchen Sie sich eine Muringboje, die für Ihr Boot stabil und groß genug erscheint. Stellen Sie sicher, dass es sich nicht etwa um die Markierung eines Netzes oder einer Reuse handelt!
- Die Wassertiefe muss auch dann noch ausreichend sein, wenn sich das Boot um die Muring dreht oder sich der Wasserstand ändert.
- Der Liegeplatz sollte sowohl gegen den vorherrschenden als auch den vorhergesagten Wind geschützt sein.
- Der beste Kurs zur Annäherung an die Boje hängt von Wind- und Stromrichtung ab.
- Schwimmkörper treiben mit dem Strom und zeigen so die Stromrichtung an.
- Segel- und Motorboote verhalten sich aufgrund ihrer Rumpfform unterschiedlich an der Muringboje. Während Segelyachten den Bug in den Wind drehen, legen sich Motorboote eher zum Wind.

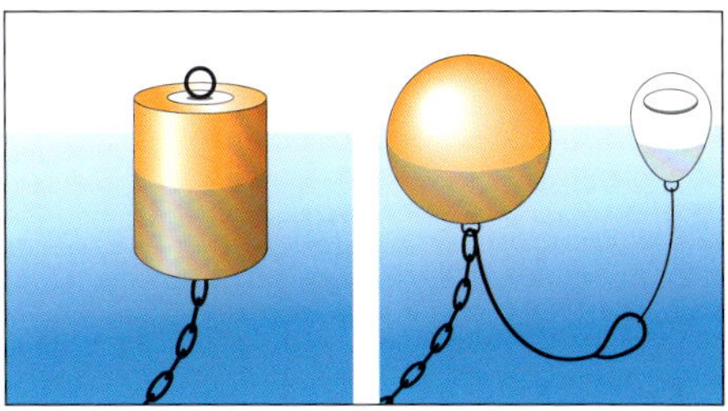

1 Stoppen Sie auf, um Wind und Stromrichtung festzustellen. Wie liegen andere Boote zu den Bojen? Nähern Sie sich Ihrer Boje dann möglichst gegen Wind- und Strom an.
2 Wechseln Sie ständig zwischen Leerlauf und vorwärts eingekuppelt hin und her, damit der Anlauf langsam und kontrolliert vonstatten geht.
3 Schätzen Sie Ihre Geschwindigkeit, indem Sie beobachten, wie schnell andere Objekte am Boot vorüberziehen.
4 Ihr Boot sollte sich so langsam wie möglich über Grund bewegen. Gleichzeitig muss aber genug Fahrt im Boot bleiben, damit die Manövrierfähigkeit nicht verloren geht!
5 Wenn Sie zu schnell sind und die Boje zu schnell an der Bordwand achteraus wandert, kuppeln Sie aus, damit die Muringleine nicht in den drehenden Propeller geraten kann.
6 Hat die Muringboje einen Ring zum Festmachen, legen Sie mindestens einen Rundtörn um den Ring. Die Leine kann sonst leicht durchscheuern.
7 Verfügt die Boje dagegen über einen Schwimmer zum Aufnehmen, achten Sie darauf, dass Sie Ihre Leine auch wirklich an der Muring festmachen und nicht am leichten Schwimmer!

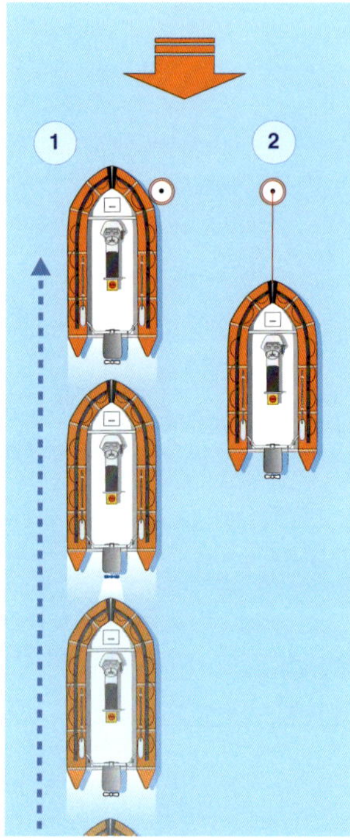

1 Bei einigen Booten kann es unter Umständen einfacher sein, die Muringboje am Heck aufzunehmen. Dazu muss die Anfahrt natürlich auch rückwärts erfolgen.
2 Führen Sie eine Leine von einer der Bugklampen außerhalb der Reling zum Heck.
3 Steuern Sie Fahrt achteraus auf die Boje zu.
4 Nehmen Sie die Boje wie bereits oben beschrieben auf und machen Sie fest.
5 Das Boot wird langsam herumschwingen.
6 Wenn Sie nur kurz bleiben, können Sie auch vor einer Heckleine liegen.

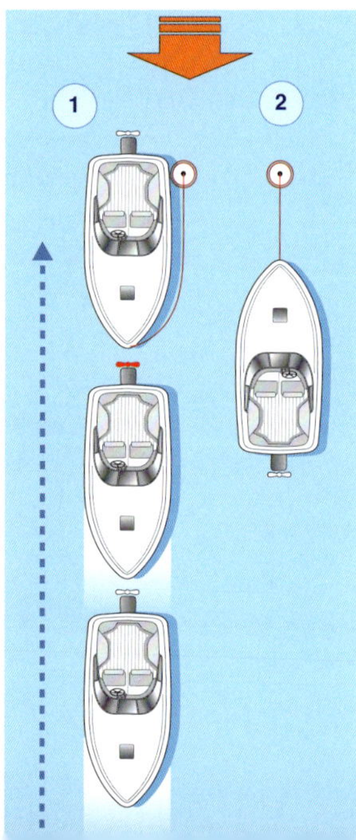

Tipp
Liegen Sie an einer reservierten Boje, sollte jemand an Bord bleiben, der das Boot verholen kann, falls der Inhaber des Liegerechts auftaucht.

Ankern

Ankern sorgt für Abwechslung auf jedem Törn: Egal, ob Sie die Mittagspause allein in einer ruhigen Bucht verbringen möchten oder auch mal die ganze Nacht – den Haken über Bord, und Sie können sich die überfüllte Marina sparen. Aber der Anker bedeutet auch Sicherheit. Fällt der Motor in gefährlich flachem Wasser aus, können Sie mit ihm das Boot stoppen und sich dem Problem in Ruhe widmen.

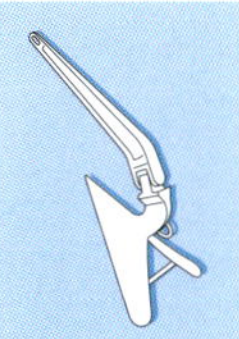

CQR- oder Pflugscharanker: Starker Anker mit gutem Verhältnis von Gewicht und Haltekraft. Gräbt und dreht sich aufgrund des Gelenks am Schaft gut ein. Bewegliche Teile müssen bei der Lagerung gesichert werden, da sie sonst schlagen.

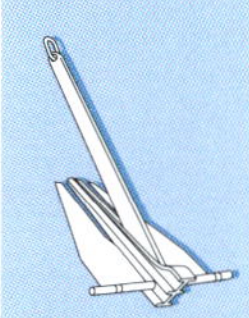

Danforth-Anker: Flacher Anker mit guter Haltekraft bei geradem Zugwinkel. Bricht leichter aus als andere Anker. Unhandlicher durch bewegliche Teile, lässt sich dafür aber platzsparend verstauen.

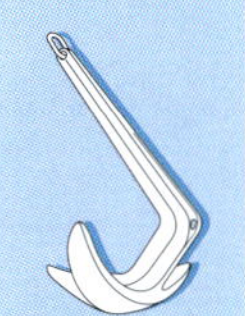

Bruce-Anker: Gutes Verhältnis von Gewicht und Haltekraft. Besonders gut geeignet für weichen Ankergrund wie Schlick, Sand oder Kies. Ungeeignet für bewachsenen Grund. Schwer zu verstauen in kleinen Ankerkästen.

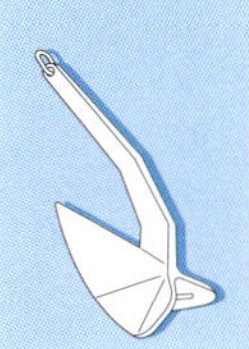

Delta-Anker: Allzweckanker ähnlich dem CQR-Anker, jedoch ohne Gelenk. Nicht ganz so gut in weichem Grund wie der Bruce, dafür auch bei Bewuchs geeignet. Ebenfalls nur schwer in kleinen Ankerkästen zu verstauen.

Vorher müssen Sie jedoch den passenden Ankertyp für Ihr Boot wählen. In der Regel hängt diese Wahl vom Ankergrund ab, den Sie in Ihrem Revier am häufigsten vorfinden – so halten einige Anker besonders gut in Sand und Schlick, während andere darauf spezialisiert sind, Bewuchs am Meeresboden zu durchdringen oder sich zwischen Felsen zu klemmen. Achten Sie aber nicht nur darauf, wo Sie ankern wollen, sondern auch darauf, ob der Anker überhaupt an Bord verstaut werden kann.

Neben diesen gängigen Ankertypen gibt es noch zahlreiche andere. Diese gehören dazu:

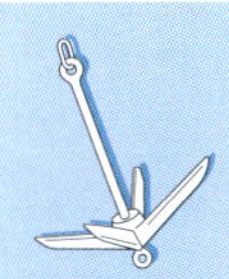

Klappdraggen: Nur als Ersatz oder für Beiboote gedacht. Schlechte Halteeigenschaften im Vergleich zu den oben genannten Typen, dafür aber sehr kompakt.

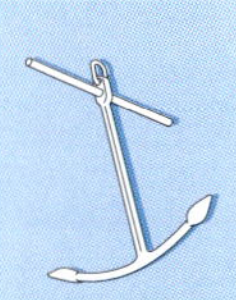

Stockanker: Der Klassiker, heute noch auf Traditionsschiffen zu finden. Größer und unhandlicher als Ankertypen mit vergleichbaren Halteeigenschaften.

Gewichtsanker: Auf Sportbooten kaum zu finden. Sehr schwer, deshalb jedoch für Gebiete mit starker Strömung gut geeignet.

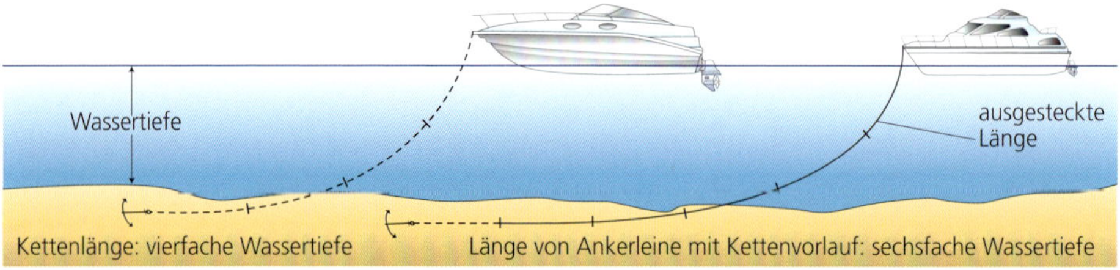

Vor dem Ankern

Wenn Sie ankern wollen, müssen Sie einige wichtige Dinge bedenken:

- Suchen Sie immer einen geschützten Ankerplatz.
- Fahren Sie einmal über die Ankerposition hinweg, um per Echolot die genaue Wassertiefe festzustellen.
- Ankern Sie niemals im Fahrwasser oder in der Nähe von Kabelleitungen. Sie sind in jeder Seekarte eingetragen.
- Die Karte verrät Ihnen auch, ob sich andere Hindernisse am Boden befinden, ob der Haltegrund geeignet ist und ob es überhaupt erlaubt ist, an dieser Stelle zu ankern.
- Bereiten Sie den Anker vor und überlegen Sie gleichzeitig, wie viel Leine oder Kette Sie ausstecken müssen.

Das Ankergeschirr

Ihr Boot wird entweder über eine volle Ankerkette verfügen oder über eine Kombination aus Kettenvorlauf (oder Bleileine) und gewöhnlicher Ankerleine. Wie viel Länge Sie ausstecken müssen, hängt genau davon ab: Kette hält in der Regel besser, ist aber auch teurer. Je mehr Sie ausstecken, desto geringer wird die Gefahr, dass der Anker ausbricht, da ein langes Ankergeschirr das Rucken der Bootsbewegungen an der Wasseroberfläche besser auffangen kann. Wie viel Leine oder Kette Sie an Bord haben, hängt natürlich von Ihrem Fahrgebiet ab. In flachen Küstengebieten und Binnenrevieren sollten 30 m genügen, während es in tiefen und felsigen Gebieten auch gerne mehr sein darf. Außerdem sollten immer zwei Anker an Bord sein: Neben dem Hauptanker am Bug gehört ein zweiter, kleinerer Anker als Verstärkung bei schwerem Wetter, als Ersatz bei Verlust oder für das Verholen ans Heck. Beide Anker müssen natürlich ihr eigenes Geschirr haben.

Das Ankermanöver

Das Ankermanöver ist dem Aufnehmen einer Muringboje sehr ähnlich. Hat Ihr Boot einen leicht zugänglichen Bug und ist es dazu nicht groß, sind Sie natürlich im Vorteil und können den Anker auch selbst ausbringen. Bei größeren Booten mit Ankerkasten sollten Sie ein gut eingewiesenes Crewmitglied nach vorne schicken. Das Manöver läuft Schritt für Schritt so ab:

1. Suchen Sie einen geschützten Ankerplatz und ermitteln Sie die Wassertiefe.
2. Laufen Sie die gewünschte Stelle genauso an, als ob Sie sich einer Muringboje nähern, und stoppen Sie auf, wenn Sie ihn erreicht haben.
3. Lassen Sie den Anker auf den Grund hinab.
4. Stecken Sie langsam Kette aus, während das Boot achteraus treibt. Sie können auch mit der Maschine nachhelfen.
5. Bei gutem Haltegrund sollte der Anker bald greifen und spürbar einrucken. Graben Sie ihn dann mit einem kurzen Schub »voll zurück« richtig ein. Ist die vier- bis sechsfache Kettenlänge noch nicht ausgebracht, lassen Sie die nötige Restlänge langsam folgen.

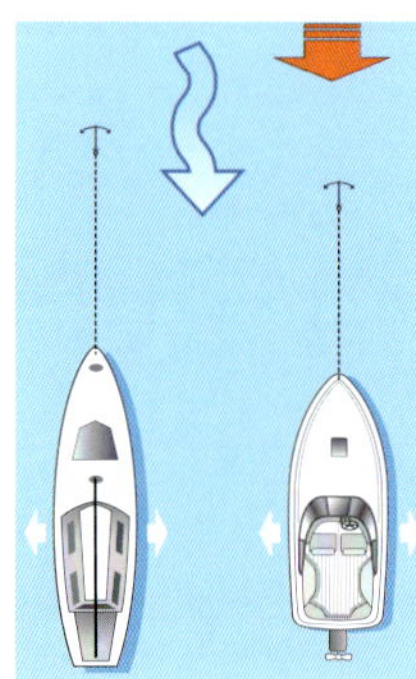

Hält der Anker?

Auch wenn das Boot vor Anker liegt, wird es sich bewegen, da es nach wie vor von Wind und Strom beeinflusst wird. Diese Drehbewegung um den Anker herum wird Schwojen genannt. Je länger Ihr Ankergeschirr ist, desto größer wird auch der Schwojkreis. Achten Sie deshalb auf ausreichend Abstand zu anderen Booten und besonders Segelyachten, da sich ihr Schwojeverhalten von dem eines Motorbootes unterscheidet. Um zu überprüfen, ob Ihr Anker wirklich hält, gibt es mehrere Methoden:

- Machen Sie eine Kreuz- oder Deckungspeilung mit auffälligen Landmarken. Vertreibt das Boot und schleift seinen Anker, ändern sich die Peilungen deutlich. Bei Einbruch der Nacht sollten Sie sich dann neue Peilobjekte suchen, wie etwa feste Lichtquellen.
- Zusätzlich können die meisten GPS-Empfänger und Echolote so eingestellt werden, dass sie Alarm geben, falls sich Position oder Wassertiefe ändern.

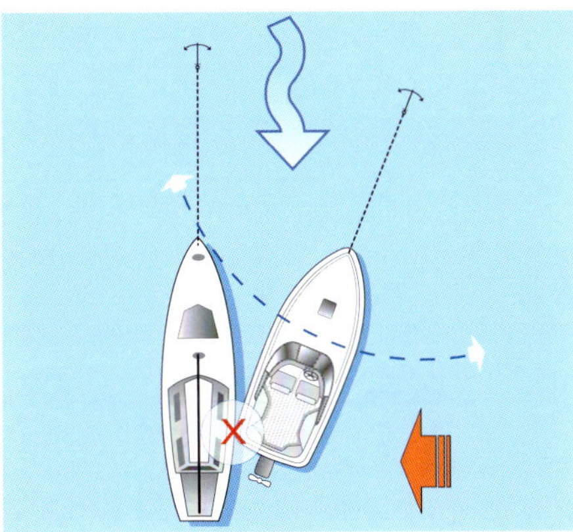

Sollte der Anker tatsächlich nicht greifen und das Boot vertreiben, müssen Sie reagieren:

- Bergen Sie den Anker und fahren Sie das Manöver erneut.
- Greift er auch diesmal nicht, müssen Sie sich eine andere Stelle suchen. Möglicherweise ist der Haltegrund ungeeignet.
- Überprüfen Sie Ihre Position weiterhin mit Kreuzpeilung oder GPS!

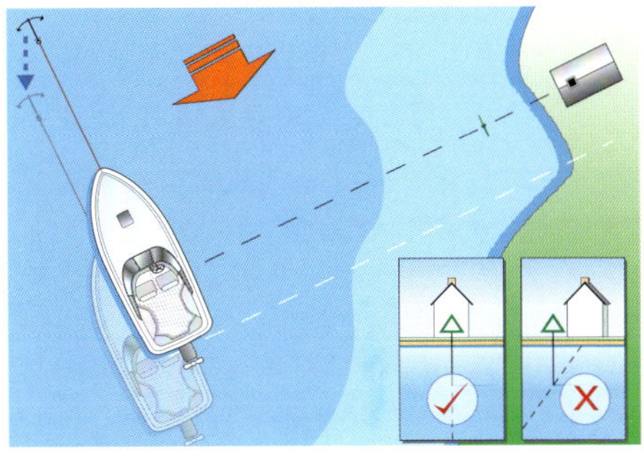

Anker lichten!

1. Bitten Sie ein Crewmitglied, in Richtung der Kette zu zeigen, und steuern Sie danach. Sprechen Sie die Handzeichen aber vorher ab, sodass jeder genau weiß, was gemeint ist.
2. Mit langsamer Vorausfahrt wird die Kettenspannung verringert. Holen Sie den Anker ein, wenn sich das Boot genau über dem Anker befindet.
3. Sitzt die Kette fest, müssen Sie den Anker aus dem Grund brechen. Setzen Sie die gespannte Kette fest und fahren Sie langsam voraus, bis der Ankergrund nachgibt. Nun können Sie den Anker einholen.
4. Sichern oder verstauen Sie Anker und Leine so, dass sie sofort wieder einsatzbereit sind.

Tipp

Sichern Sie den Anker im Ankerkasten! Er kann sonst bei Wellengang durch Schlagen großen Schaden anrichten. Die Ankerleine muss übrigens speziell für diesen Zweck beschaffen sein. Sie darf auf keinen Fall schwimmen.

Fahren mit hoher Geschwindigkeit

Wenn Ihr Boot mit einer Quickstop-Leine ausgerüstet ist, ist es sinnvoll, sie auch immer zu benutzen. Stellen Sie sicher, dass die Crew bei hoher Geschwindigkeit sichere Sitzpositionen hat, sich gut festhalten kann und weiß, was Sie vorhaben, *bevor* Sie es tun. Kündigen Sie also alle Manöver rechtzeitig an!

Plötzliche Kursänderungen sollten Sie vermeiden. Führen Sie Manöver zur Kollisionsverhütung rechtzeitig durch und denken Sie daran, im Zweifelsfall selbst mit der Geschwindigkeit herunterzugehen, um die Annäherungsgeschwindigkeit der beiden Fahrzeuge zu verringern. Halten Sie Ausschau nach anderen Schiffen und behalten Sie deren Schwell von Bug- und Heckwelle im Auge. Wenn Sie immer aufmerksam sind und kritische Situationen schnell und richtig beurteilen können, dürfen Sie mit gutem Gewissen Gas geben.

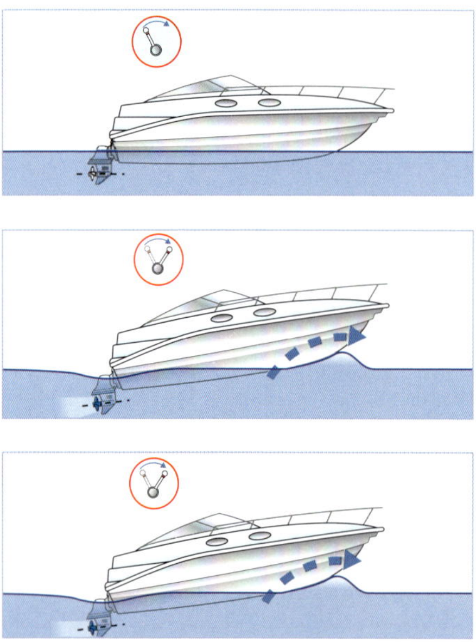

Gleitfahrt

Eine Menge Motorleistung wird benötigt, um ein Boot ins Gleiten zu bringen. Ist die Gleitfahrt erreicht, müssen Sie das Gas eventuell wieder leicht zurücknehmen, um die Geschwindigkeit der wirtschaftlichsten Fahrweise anzupassen und Treibstoff zu sparen. Boote mit Verdränger- oder Halbgleiterrumpf werden niemals vollständig ins Gleiten kommen. Ihre Höchstgeschwindigkeit wird von der Rumpfform und der Leistungsstärke ihrer Maschinen bestimmt.

Bevor Sie Fahrt aufnehmen, trimmen Sie den Antrieb nach innen – also dicht an das Heck heran. Das Boot kommt so leichter ins Gleiten. Wenn Sie mehr Gas geben und das Boot schneller wird, wird es sich irgendwann auf seine eigene Bugwelle schieben und von der Verdränger- in die Gleitfahrt übergehen.

Während die Geschwindigkeit weiter zunimmt, berührt eine immer kleinere Fläche des Rumpfbodens das Wasser. Der Reibungswiderstand nimmt ab, und die gewünschte Geschwindigkeit kann auch mit weniger Gaseinsatz gehalten werden.

Kurvenfahrt mit hoher Geschwindigkeit
Damit die Crew nicht über Bord geschleudert wird, wenn Sie das Boot bei Gleitfahrt in die Kurve legen, sollten Sie jedes Manöver ankündigen. Bei zu engen Kurven kann der Propeller Luft ziehen und den Halt im Wasser verlieren. Das kann sehr leicht verhindert werden, indem Sie die Kurven etwas weiter und mit reduzierter Umdrehungszahl fahren. Um noch mehr Stabilität in der Kurve zu bekommen, trimmen Sie ganz nach unten.

180°-Wenden
Bereiten Sie das Manöver vor, indem Sie den Antrieb ganz ans Boot trimmen und die Fahrt leicht verringern. Dann schauen Sie sich um (besonders nach hinten), warnen die Crew und leiten eine weite Kurve ein. Bleiben Sie in Gleitfahrt und regulieren Sie das Tempo mit dem Gashebel. Wenn Sie zu eng fahren, wird das Boot viel von seiner Geschwindigkeit verlieren. Sobald Sie aus der Kurve herauskommen, können Sie wieder mehr Gas geben und den Antrieb nach außen trimmen.

S-Kurven
S-Kurven (Kursänderungen zum Ausweichen nach Backbord oder Steuerbord) können Sie ebenfalls in Gleitfahrt fahren, solange sie gleichmäßig und kontrolliert ausgeführt werden können und die Verkehrs- und Wetterlage es zulassen.

Stufenrümpfe
In engen Kurven können sich einige Stufenrümpfe weniger vorhersehbar verhalten als »gewöhnliche« Rümpfe. Man sollte den Antrieb deshalb nicht zu weit nach außen trimmen und in der Kurve nicht plötzlich Gas wegnehmen. Achten Sie auf die Angaben von Handbuch und Händler zu diesem Thema!

Trimmen mit dem Antrieb (Powertrimm)

Jedes Boot kann auf der Längsachse (also vom Bug zum Heck) und der Querachse (von einer Seite zur anderen) getrimmt werden. Wenn ein Z-Antrieb oder Außenborder nach innen oder nach außen getrimmt werden, verändern sich der Schubwinkel des Propellers und in Fahrt auch die Lage des Bootes im Wasser. Die Trimmlage beeinflusst Komfort, Treibstoffverbrauch und Fahrverhalten – besonders in schwerem Wetter.

Wird Fahrt aufgenommen, muss der Antrieb nach innen (also ans Bootsheck) getrimmt werden. So bleibt der Propeller im Wasser und der Bug unten. Das Boot kommt leichter ins Gleiten.

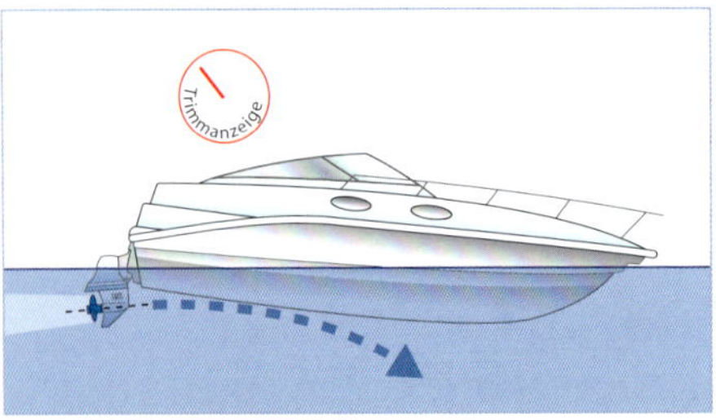

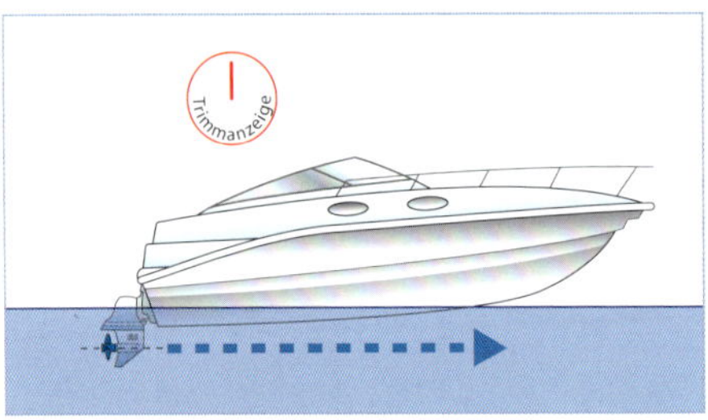

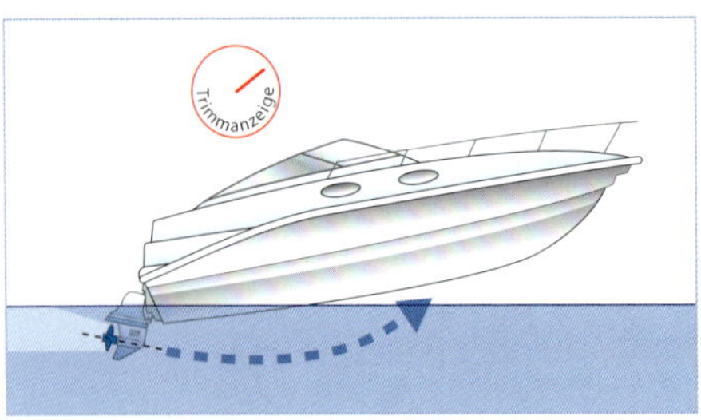

Ist der Übergang zum Gleiten geschafft, wird nach außen getrimmt – allerdings nicht vollständig. Denn falls zu weit nach außen getrimmt wird, kann der Propeller Luft ziehen. Er dreht sich dann zwar schneller, verliert jedoch den Griff im Wasser, und das Boot wird langsamer. Die optimale Trimmposition ist dann erreicht, wenn sich ohne zusätzliches Gasgeben Umdrehungszahl und Geschwindigkeit leicht erhöhen.

Beginnt der Bug zu nicken und sich schnell auf und ab zu bewegen, trimmen Sie wieder nach innen und danach noch einmal – vorsichtiger – nach außen.

Der Trimm muss immer wieder neu angepasst werden. Sobald sich die Crew bewegt und damit die Gewichtsverteilung ändert, müssen Sie den Trimm überprüfen. Das Gleiche gilt für das Wetter. Außerdem lässt der Treibstoffverbrauch das Boot leichter werden. Eventuell müssen Sie das Boot unterschiedlich trimmen, wenn die Tanks nicht voll sondern halbleer sind.

Tipp

Viele Boote sind mit Trimmlagenanzeigern im Cockpit ausgerüstet. Allerdings kann man sich nicht immer auf sie verlassen. Am besten probieren Sie selbst aus, wie das Boot in den verschiedenen Fahrstufen auf den Trimm reagiert und wie die beste Einstellung aussieht. Haben Sie keine Anzeigen, merken Sie sich, wie und wann sich die Trimmlage ändert, sobald Sie den Schalter betätigen. Wie gesagt: Der Trimm ist dann optimal, wenn sich die Umdrehungszahl merkbar erhöht. Außerdem sollte das Boot dann ruhiger liegen und ohne starken Ruderdruck geradeaus fahren.

Trimmklappen

Trimmklappen sind entweder horizontal (wie auf dem Foto) oder vertikal auf beiden Seiten am Heckspiegel montiert und werden elektrisch oder hydraulisch bewegt. Mit ihnen kann der Trimm des Bootes, also die Lage im Wasser, in Längs- oder Querrichtung verändert werden.

- Trimmklappen nach unten: Das Heck wird angehoben; der Bug senkt sich.
- Trimmklappen nach oben: Das Heck wird abgesenkt, während sich der Bug hebt.

Eine Grundregel lautet: Mit nach unten getrimmten Klappen fährt man gegen die See, mit nach oben getrimmten Klappen mit der See. Trimmklappen können auch die Einwirkung einer See von querab oder ungleiche Beladung auf beiden Bootsseiten ausgleichen: Wird nur eine Klappe nach unten getrimmt, hebt sich auch nur diese Seite des Bootes.

Nur selten sind Anzeigen eingebaut, die verraten, in welcher Position sich die Trimmklappen befinden. Überprüfen Sie deshalb im Hafen, wie lange Sie den Knopf gedrückt halten müssen, bis eine Klappe ganz nach oben oder unten getrimmt ist. Wenn Sie die Zeitspanne kennen, können Sie später auf See abschätzen, wie viel Sie trimmen müssen.

Trimmklappen können dem Boot auch dabei helfen, schneller ins Gleiten zu kommen. Trimmen Sie nach unten, um das Heck zu heben; so können Sie ausgleichen, wenn die Besatzung ungünstig an Bord verteilt ist.
Auch wenn die Klappen normalerweise eher bei hoher Geschwindigkeit zum Einsatz kommen, können Sie auch während der Hafenmanöver nach unten trimmen: Der Propeller befindet sich dann tiefer im Wasser und kann besser wirken.
Mit der entsprechenden Erfahrung können Sie das Boot in Gleitfahrt sogar steuern, indem Sie nur mit den Trimmklappen arbeiten.
Wichtig ist aber in jedem Fall, dass Sie experimentieren: Nur wenn Sie das Boot in verschiedenen Fahrsituationen mit unterschiedlichem Trimm fahren, werden Sie herausfinden, was wann am besten funktioniert.

Tipp
Wenn Ihr Boot über Powertrimm und Trimmklappen verfügt, machen Sie die Dinge nicht unnötig kompliziert: Nutzen Sie die Stellung des Antriebes immer für den Längstrimm und die Klappen für den Quertrimm.

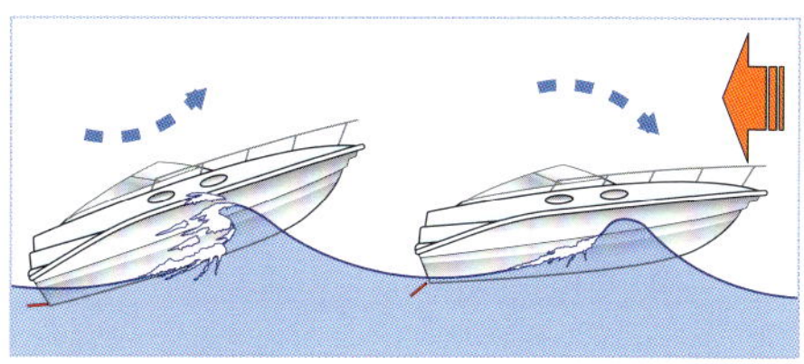

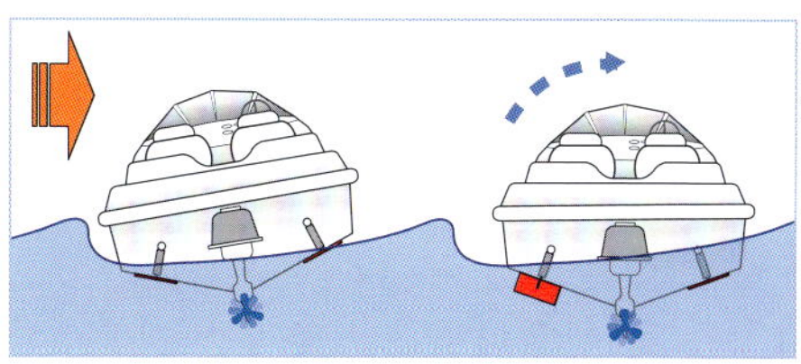

Schwierige Bedingungen

Irgendwann kommt für jeden Skipper der Zeitpunkt, an dem die Verhältnisse auf See nicht nur das Boot, sondern auch die eigenen Fähigkeiten auf die Probe stellen. Gerade dann kommt es darauf an, dass Sie genau wissen, was zu tun ist.

Geschwindigkeit und Kurs sollten immer den Bedingungen angepasst sein. Steuern Sie mit Gefühl! Von einem Wellenkamm zum nächsten zu springen kann aufregend sein, auf die Dauer wird so eine Fahrweise aber nicht nur Ihre Besatzung ermüden, sondern auch das Boot. Stellen Sie sicher, dass sich jede Person an Bord gut festhalten kann und über einen sicheren Sitz verfügt. Wenn vorhanden, sollte das Crewmitglied am Steuer unbedingt die Quickstop-Leine tragen.

Gegen den Wind fahren

Wellen werden normalerweise durch Wind erzeugt und kommen daher auch meist aus der gleichen Richtung. Gegen den Wind zu fahren bedeutet deshalb auch gegen die See zu fahren. Mit dem Wind zu fahren ist dagegen wesentlich angenehmer – und mit der richtigen Technik auch sicherer.

1 Wenn es gegen den Wind geht, trimmen Sie ganz nach unten und fahren schwungvoll die Vorderseite der Welle hinauf.
2 Reduzieren Sie die Fahrt, bevor Sie den Wellenkamm durchbrechen – sonst heben Sie ab!
3 Auf der Rückseite der Welle beschleunigen Sie erneut, damit der Bug sich hebt und nicht eingraben kann, wenn Sie das Tal erreichen. Anschließend fahren Sie die nächste Welle hinauf.

Wenn Sie sich an dieses Schema halten, wird Ihre Fahrt relativ angenehm und schnell verlaufen. Indem Sie nach unten trimmen, sorgen Sie dafür, dass das V des Rumpfes besser durch die Wellen schneiden kann, und durch das Spiel mit dem Gashebel ersparen Sie es sich, im Wellental nach oben trimmen zu müssen.

Tipp
Gegen den Wind: Hebt sich der Bug, Gas zurück. Senkt sich der Bug, geben Sie mehr Gas.

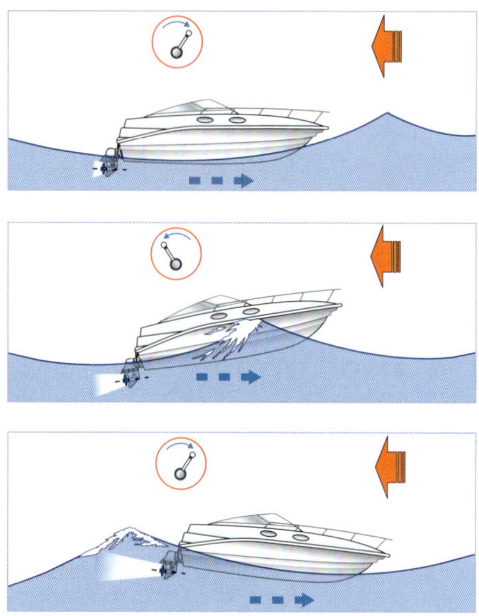

Kreuzen gegen die See

Ob sich diese Technik wirklich anwenden lässt, hängt aber noch von einem anderen Faktor ab: der Wellenlänge. Gemeint ist damit der Abstand zwischen zwei Wellenkämmen. Sind die Wellen kürzer, kann das Fahren sehr unangenehm werden, da Ihnen kaum Zeit bleibt, die Geschwindigkeit anzupassen. In diesem Fall sollten Sie lieber in einem Winkel von 30° bis 45° gegen die Windrichtung kreuzen. So verlängert sich die scheinbare Wellenlänge, und die Fahrt wird etwas ruhiger. Da Sie im Zickzack fahren, erhöht sich zwar die gefahrene Strecke, Sie werden aber dennoch entspannter und schneller ans Ziel kommen.

See von querab

Große Wellen von querab können – wenn sie brechen – ein Boot zum Kentern bringen! Sie sollten also querab zur See immer so schnell fahren, dass das Boot gut manövrierbar bleibt, und besonders auf jene näher kommenden Wellen achten, die bald brechen könnten. Haben Sie eine entdeckt, steuern Sie hinter ihr oder vor ihr herum – je nachdem, was die Verhältnisse zulassen. Geschwindigkeit und Leistung sind dabei entscheidend! Wenn Sie dennoch in Lee einer brechenden Welle gefangen werden, drehen Sie entweder schnell in den Kamm, um ihn hinaufzuklettern, oder von ihm weg, um mit höherem Tempo von der Welle abzulaufen.

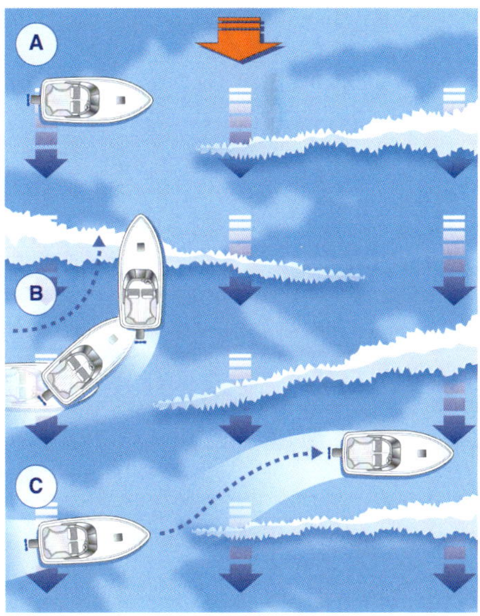

Mit dem Wind fahren

Eine der gefährlichsten Situationen für ein Sportboot ist die nachlaufende See, wenn das Boot mit dem Wind fährt. Wenn eine brechende Welle das Boot von achtern erfasst und das verwirbelte Schaumwasser den Propeller wirkungslos macht, kann es von der folgenden Welle quer zur See geschlagen werden. Die nächste Welle wiederum lässt es dann fast unausweichlich kentern. Ein anderes Problem entsteht, wenn Wellenkämme zu schnell durchfahren werden. Statt die Vorderseite der Welle kontrolliert hinunterzufahren, schlägt der Bug dann in das Wellental und kann sich eingraben. Wenn jetzt das Heck in die Höhe steigt, kann sich das Boot sogar überschlagen. Um beide Situationen zu vermeiden, muss die Bootsgeschwindigkeit der Wellengeschwindigkeit unbedingt angepasst werden:

1. Um unter diesen Bedingungen voranzukommen, trimmen Sie den Bug nach oben und reiten auf der Welle, solange es geht. Dabei bleiben Sie kurz hinter dem Kamm.
2. Bricht die Welle, dürfen Sie den Kamm nicht zu früh durchfahren. Eventuell müssen Sie die Geschwindigkeit reduzieren, damit der Propeller nicht in das verwirbelte Wasser gerät. Halten Sie gleichzeitig sorgfältig Ausschau nach folgenden Wellen, damit Sie nicht eingeholt werden.
3. Haben Sie den gebrochenen Kamm passiert, fahren Sie zur nächsten Welle auf und passen die Geschwindigkeit erneut an.

Wind gegen Strom

Die Verhältnisse, die Ihnen begegnen, können von Wind, Strom und lokalen geografischen Gegebenheiten abgeschwächt, aber auch verstärkt werden. Stehen Wind und Strom gegeneinander, entstehen kurze, steile und sehr unangenehme Wellen. Sich unter diesen Umständen gegen den Wind zu stemmen, sorgt selten für Begeisterung. Sind Sie dagegen in die andere Richtung unterwegs, sieht die Welt schon wieder anders aus.

In Landnähe

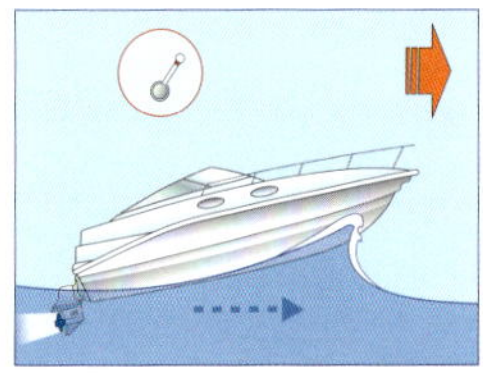

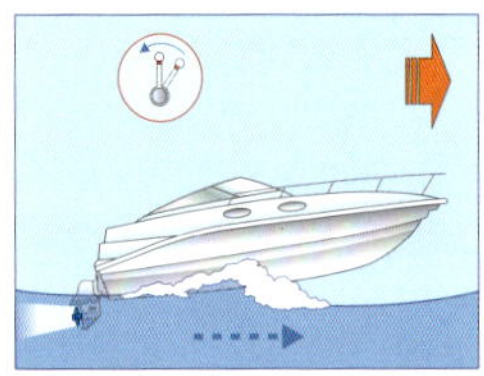

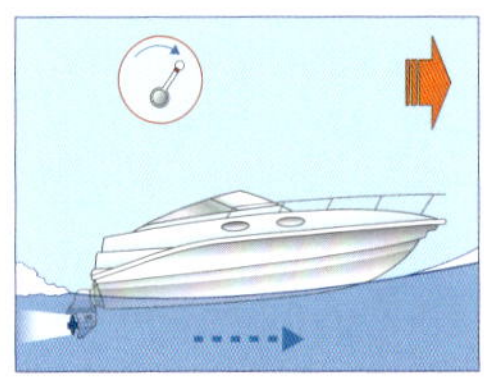

Sie sollten nicht versuchen, mit einer schweren nachlaufenden See in einen Hafen einzulaufen. Indem die Wassertiefe zum Land hin abnimmt, werden die Wellen nicht nur höher und steiler: Sie brechen auch schneller und mit mehr Gewalt als weiter draußen in tieferem Wasser. Von einem solchen Brecher kurz vor der engen Moleneinfahrt erwischt zu werden, kann schlimme Folgen haben.

Wasser im Boot

Offene Sportboote und Schlauchboote können schnell viel Wasser nehmen. Stellen Sie deshalb sicher, dass ausreichende Möglichkeiten zum schnellen Lenzen vorhanden sind und sie auch funktionieren. Haben Sie bereits viel Wasser im Boot, sollte sich die Crew nicht auf einer Seite sammeln – auch das Wasser wird in diese Richtung strömen und die Stabilität weiter gefährlich verringern.

Mensch über Bord

Mit zunehmender Erfahrung werden Sie sich eventuell auch einmal weiter hinauswagen, und nicht immer werden die Wetterverhältnisse dabei mitspielen. Das bedeutet, dass Sie in Situationen geraten können, in denen Sie sich an Such- und Rettungsaktionen beteiligen müssen. Wenn Sie und Ihre Crew die Abläufe schon vorher kennen, wird dieses Wissen im Ernstfall von großem Vorteil sein.

Suchmuster

Mit einem Suchmuster können Sie eine Person finden, die auf Ihrem eigenen Boot über Bord gegangen ist oder von einem anderen Fahrzeug gemeldet wurde. Während Sie auf eigene Faust Maßnahmen einleiten, sollten Sie jedoch Folgendes bedenken:

- Stellen Sie sicher, dass auch die Rettungsdienste über die Situation informiert werden! Dort werden dann die entsprechenden SAR (Search and Rescue)-Maßnahmen eingeleitet und koordiniert.
- Wenn Sie selbst ein Besatzungsmitglied verloren haben, starten Sie Ihre Suche dort, wo Sie die Person im Wasser am ehesten vermuten. Diese Stelle ist der Ausgangspunkt für Ihr Suchmuster.

Es ist wichtig, dass das Suchmuster das Suchgebiet vollständig abdeckt. Zudem sollte es einfach genug strukturiert sein, um ohne großes Nachdenken oder Navigieren ausgeführt werden zu können. Das einfachste effektive Muster – das »wachsende Rechteck« – sehen Sie auf der Abbildung:

Das »wachsende Rechteck«

- »S« steht für die Sichtweite, auf die eine im Wasser treibende Person von Bord aus mindestens die Hälfte der Zeit noch sichtbar ist. Wie groß »S« im Falle Ihres Bootes ist, können Sie testen, indem Sie beispielsweise einen Fender über Bord werfen und beobachten.
- Die Länge der Suchstrecke erhöht sich nach jeweils zwei gefahrenen Kanten des Such-Rechtecks um eine weitere Kantenlänge.
- Die Fahrtrichtung der ersten Suchstrecke entspricht jener Richtung, in die die Person im Wasser höchstwahrscheinlich getrieben wird. (Eine weitere Möglichkeit ist, auf Nordkurs zu starten, da jede Kursänderung dann aus einfach zu kontrollierenden 90°-Winkeln besteht.)

Wie ein Suchmuster gefahren wird, sollten Sie nicht erst dann üben, wenn es zum Ernstfall kommt. Üben Sie das Manöver zu Törnbeginn in ruhigen Verhältnissen, indem Sie einen geeigneten Gegenstand (wie etwa den erwähnten Fender) über Bord werfen und wieder aufnehmen.

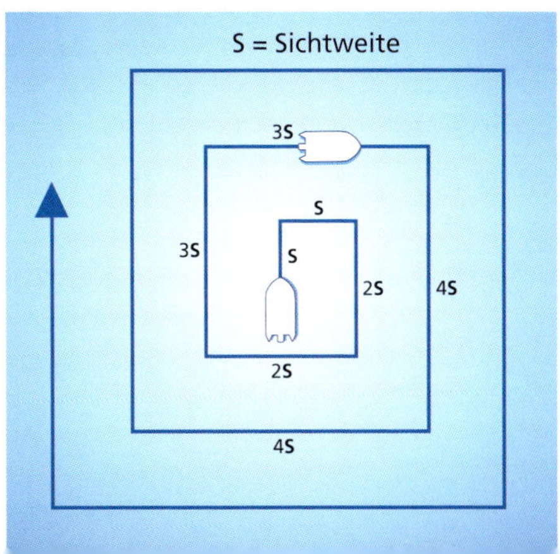

Fällt eine Person über Bord (MOB, man overboard), ist die Situation sehr ernst. Alles hängt nun davon ab, wie Sie und Ihre Crew reagieren.

Alarmierung

1 Alarmieren Sie die Crew mit dem Ruf »Mensch über Bord!«.
2 Teilen Sie laut und unmissverständlich eine Person ein, die den im Wasser Treibenden beobachtet, seine Richtung und Entfernung zum Boot ansagt. Ein zweites Crewmitglied teilen Sie ein, um Rettungsmittel in Richtung des Treibenden zu werfen.
3 Drehen Sie bei langsamer Fahrt zum Treibenden hin, damit sich das Heck mit der Schraube in die andere Richtung dreht, oder kuppeln Sie ganz aus.
4 Ist die Person schon weiter entfernt, aber noch in Sichtweite, fahren Sie jetzt ein kontrolliertes Mensch-über-Bord-Manöver, um die Person zu bergen.
5 Haben Sie die Person aus den Augen verloren oder machen es die Umstände unwahrscheinlich, dass Sie sie ohne Hilfe finden oder bergen können, müssen Sie umgehend die Rettungsdienste alarmieren – entweder mit einem digitalen Selektiv-Notruf (DSC), einem Seenotruf (»MAYDAY«) über UKW-Kanal 16, oder, falls kein Funkgerät vorhanden ist, über Handy. Fällt auch diese Möglichkeit aus, versuchen Sie andere Fahrzeuge auf Ihre Notsituation aufmerksam zu machen.

Bergung

Die Rückkehr und Bergung der Person im Wasser ist besonders wichtig. Welches Mensch-über-Bord-Manöver dafür am besten geeignet ist, hängt von den äußeren Umständen, Ihrem Boot und der Erfahrung Ihrer Crew ab. In kaltem Wasser ermüden Muskeln schnell, erwarten Sie also keine Hilfe vom Überbordgegangenen! Auch hier gilt deshalb: Üben Sie das Manöver zu Törnbeginn, bis es reibungslos funktioniert. Hier zwei Methoden:

Methode 1: Gegen den Wind

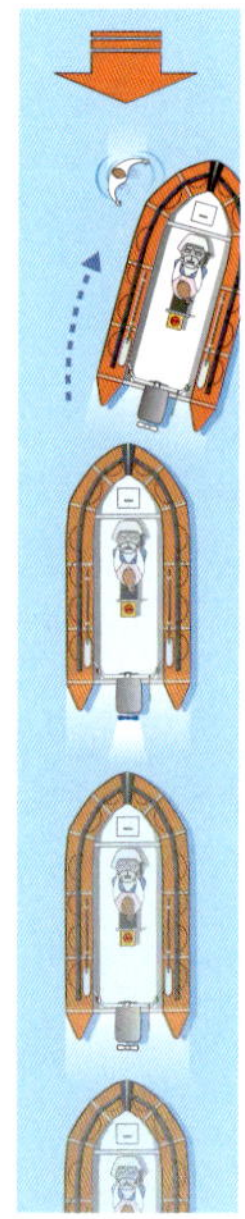

1 Fahren Sie einen ausreichend großen Bogen, um den MOB in Ruhe gegen den Wind ansteuern zu können.
2 Sobald Sie ihn voraus haben, reduzieren Sie die Geschwindigkeit für einen kontrollierten Anlauf (kuppeln Sie kurz aus, wenn Sie zu schnell sind).
3 Behalten Sie den Treibenden auf der Luvseite Ihres Bugs.
4 Haben Sie ihn erreicht, stoppen Sie das Boot neben ihm auf und kuppeln aus (überfahren Sie ihn nicht und achten Sie auf den Propeller!). Schalten Sie eventuell den Motor aus.
5 Hat ein Crewmitglied den MOB fest im Griff (mit der Hand oder mit dem Bootshaken), zieht man ihn zu der Stelle des Bootes, wo er am besten an Bord geholt werden kann.

Vorteile

- Gut geeignet für kleinere Boote mit geringem Freibord (wie etwa RIBs oder Daycruiser).
- Die Wellen kommen beim Anlauf von vorn und können abgeritten werden.
- Gut bei raueren Verhältnissen, da der MOB nicht unter das Boot treiben kann.

Nachteile

- Die Kontaktaufnahme muss schnell und präzise erfolgen, da das Boot sonst abtreibt.
- Der MOB kann unter dem Bug außer Sicht geraten.
- Ein schwieriges Manöver, wenn Sie nur noch alleine an Bord sind.

Methode 2: Wind von querab

1. Fahren Sie in Luv mit dem Wind von querab auf die Höhe des Treibenden zu.
2. Auf seiner Höhe stoppen Sie auf.
3. Langsam auf den MOB zutreiben.
4. Sobald die Person längsseits ist, schalten Sie den Motor aus und holen sie an Bord.

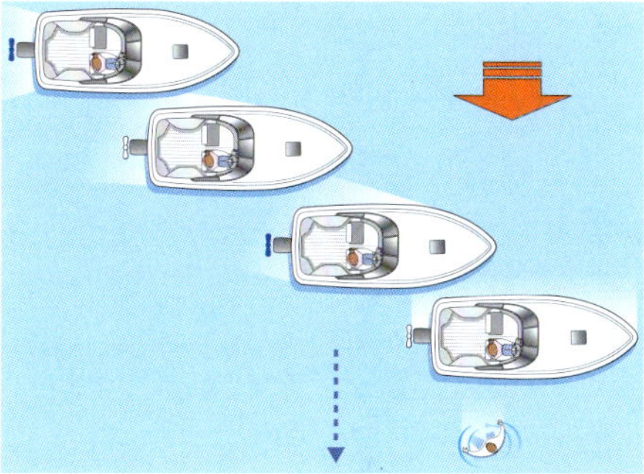

Vorteile

- Gut für größere Boote, bei denen der MOB unter dem Bug außer Sicht geraten kann.
- Der Kontakt mit dem MOB kann entlang der gesamten Bootslänge erfolgen.
- Durch das Boot in Luv wird der MOB vor Wind und Wellen geschützt.

Nachteile

- Fahrt quer zur See kann sehr unangenehm oder sogar gefährlich sein.
- Kleine Boote können über den MOB getrieben werden.

Bergung ohne Sichtkontakt

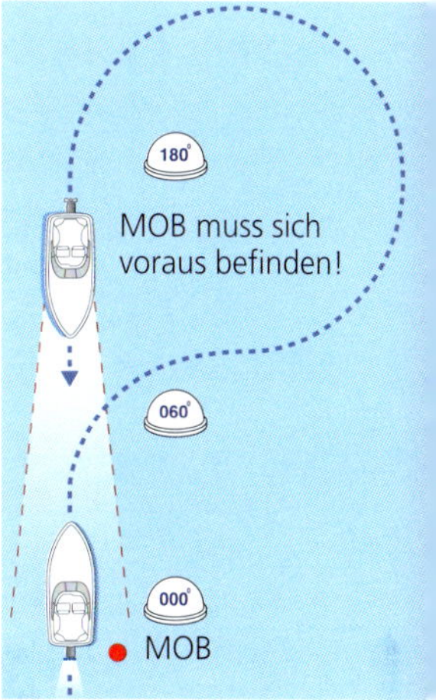

Bei Nacht oder schlechter Sicht müssen Sie das Mensch-über-Bord-Manöver auch ohne Sichtkontakt fahren können. Die Orientierung erfolgt dann ausschließlich über Kompass. Zunächst müssen Sie den Kurs um 60° ändern, dann gehen Sie wieder auf den Ausgangskurs zurück, sodass Sie eine S-Kurve gefahren haben. Nun schließen Sie unmittelbar eine 180°-Wende an, die Sie auf Gegenkurs zu Ihrer ursprünglichen Kurslinie zurückbringt, in deren Nähe sich der MOB noch immer befinden muss.

Vorsorge

- Bei langsamer Fahrt kann plötzliches Gasgeben unvorbereitete Personen an Bord das Gleichgewicht verlieren lassen. Sagen Sie also vorher allen Bescheid, wenn Sie Fahrt aufnehmen wollen!
- Machen Sie der Crew klar, niemals von Bord auf den Steg zu springen, solange noch keine Leinenverbindung besteht. Erklären Sie stattdessen, wie Leinen geworfen werden.
- Bei hoher Geschwindigkeit müssen alle Personen sicher sitzen und sich gut festhalten können. Vermeiden Sie dennoch plötzliche extreme Kursänderungen!
- Kleine Kinder dürfen Sie zu keiner Zeit aus den Augen lassen.
- Sprechen Sie das Risiko des Überbordfallens auch in Ihrer Sicherheitseinweisung vor Törnbeginn an.

Hubschrauberrettung

Wenn ein Mitglied Ihrer Besatzung oder Sie selbst in einer Notsituation schnell von Bord an Land gebracht werden müssen, wird man möglicherweise einen Rettungshelikopter zu Ihnen schicken. An dieser Stelle wird das Standardmanöver zum Abbergen einer Person erläutert. Es ist jedoch möglich, dass davon abgewichen wird, sollte die Situation es erfordern.

Vorbereitung und Einweisung

Bevor der Helikopter eintrifft, müssen Sie Ihr Boot vorbereiten und alle losen Gegenstände verzurren. Legen Sie Handschuhe und einen Eimer (für die Leine) bereit. Hat er Ihre Position erreicht, wird der Pilot mit Ihnen über UKW-Funk Verbindung aufnehmen und Ihnen mitteilen, wie das Manöver ablaufen wird. Von kleinen Fahrzeugen wird meist lediglich verlangt, dass sie während der Bergung die Position halten. Es kann jedoch sein, dass der Pilot Ihnen Kurs und Geschwindigkeit vorgibt, die dann genau eingehalten werden müssen. Hören Sie aufmerksam zu und notieren Sie sich den Ablauf!

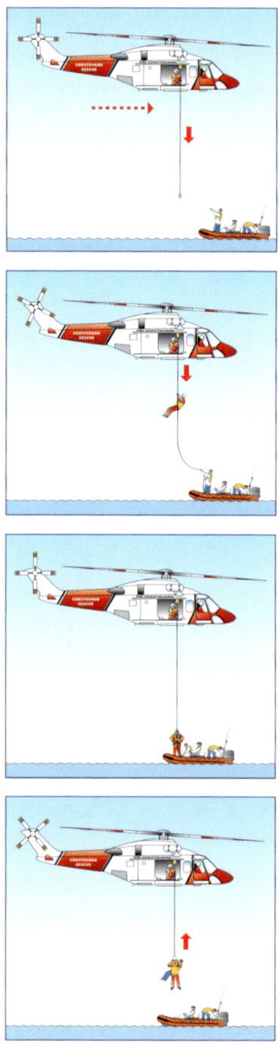

Das Manöver

- Zuerst wird eine beschwerte Leine vom Helikopter heruntergelassen. Eventuell ist sie statisch aufgeladen; deshalb müssen Sie sie unbedingt zuerst ins Wasser eintauchen lassen. Danach nehmen Sie mit Handschuhen die Leine auf, ohne sie am Boot zu befestigen.
- Sobald ein Besatzungsmitglied vom Helikopter zu Ihnen herunterkommt, können Sie an der Leine ziehen, um der Person den Weg zum Boot zu weisen. Gleichzeitig schießen Sie die Leine sorgfältig auf und verstauen sie im Eimer.
- Wenn der Mann bei Ihnen an Deck ist, wird er sich zunächst ein Bild der Lage verschaffen. Seinen Anweisungen ist unbedingt Folge zu leisten!
- Sollte tatsächlich jemand von Bord evakuiert werden müssen, lässt sich das Besatzungsmitglied nun gemeinsam mit der verletzten Person abbergen. Sie müssen dabei die Leine festhalten, um unnötiges Pendeln zu vermeiden. Sie darf sich auf keinen Fall verhaken!

Schleppen

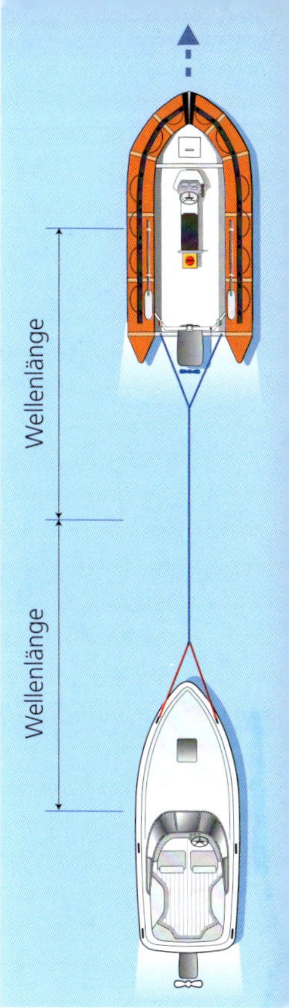

Gute Seemannschaft macht es selbstverständlich, dass Sie einem anderen Sportboot in einer Notlage helfen. Dazu gehört auch das Abschleppen eines manövrierunfähigen Fahrzeugs. Zwei verschiedene Arten des Schleppens gibt es:

- *Schleppen an langer Leine:* Das geschleppte Fahrzeug ist mit dem schleppenden Fahrzeug durch eine lange Schleppleine verbunden. Dieses Verfahren kommt zum Einsatz, solange Sie sich in offenem Wasser befinden.
- *Schleppen längsseits:* Wenn Sie sich dem Hafen nähern oder sich in einem engen Fahrwasser befinden, sollten Sie zum Schleppen längsseits übergehen. Sie haben dann größere Kontrolle über das geschleppte Fahrzeug.

Schleppen an langer Leine

- Im Prinzip gilt: Je länger die Schleppleine, desto besser, denn eine lange Schleppleine reduziert die Ruckbelastungen, der beide Boote (und besonders die Beschläge) während des Schleppens ausgesetzt sind.
- Die Länge sollte aber mindestens der zweifachen Wellenlänge entsprechen. Ist die Leine der Wellenlänge angepasst, befinden sich beide Fahrzeuge entweder auf dem Wellenkamm oder im Tal.
- Versuchen Sie das Zuggewicht möglichst gut zu verteilen. Ein Abschleppgeschirr mit Leinen auf beiden Seiten und an mehreren Klampen ist eine Möglichkeit dafür.
- Das manövrierunfähige Fahrzeug sollte die Leine entweder direkt am Bug befestigen (falls dort ein geeigneter Beschlag vorhanden ist) oder ebenfalls Leinen zu den Klampen beiderseits des Bugs führen.
- Ein zusätzliches Reitgewicht (wie etwa ein kleiner Anker) an der Mitte der Schleppleine fängt ebenfalls einen Teil der Belastung auf.
- Das geschleppte Fahrzeug sollte – wenn möglich – auch weiterhin steuern, um dem schleppenden Fahrzeug beim Manövrieren zu helfen.
- Wenn das geschleppte Fahrzeug stark schlingert, sollte das Reitgewicht weiter nach hinten geschoben werden. Zusätzlich ausgebrachte Trossen, die nachgeschleppt werden, können das geschleppte Fahrzeug ebenfalls stabilisieren.
- Halten Sie sich während des Schleppvorganges von viel befahrenen Fahrwassern fern.
- Vergessen Sie nicht, in schwierigen Fällen die zuständige Küstenstelle zu informieren.

Die Geschwindigkeit des Schleppzuges wird durch den Seegang und die Maschinenleistung des schleppenden Fahrzeugs bestimmt. Eine gleichmäßige Geschwindigkeit zwischen 5 und 8 kn ist angemessen und beansprucht Schleppgeschirr und Beschläge nicht über Gebühr.

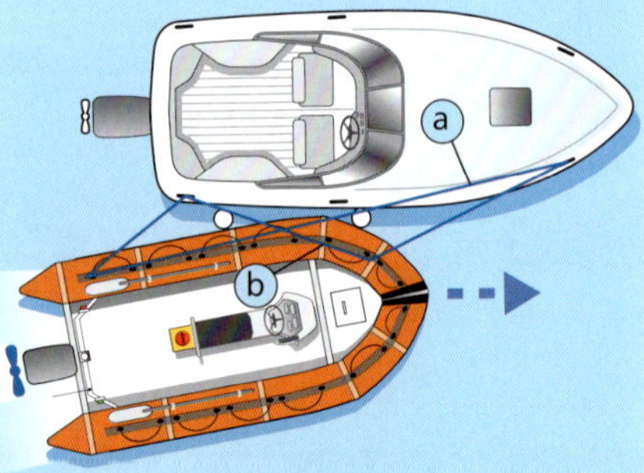

- Der Bug des schleppenden Fahrzeugs ist zum geschleppten Fahrzeug hin leicht geneigt.
- Das schleppende Fahrzeug liegt hinter dem geschleppten Fahrzeug.
- Die Vorspring (a) trägt die Hauptlast bei Vorausfahrt. Bei Fahrt achteraus ist es die Achterspring (b).

Schleppen längsseits

Beim Einlaufen in den Hafen sollten Sie zum längsseitigen Schleppen übergehen, um manövrierfähiger zu sein. Dabei ist die korrekte Positionierung der Fahrzeuge zueinander besonders wichtig, aber auch die Leinen selbst müssen geeignet sein. Auf folgende Punkte sollten Sie besonders achten:

- Fendern Sie beide Fahrzeuge gut ab.
- Ruder oder Außenborder des schleppenden Fahrzeugs sollten sich in einigem Abstand hinter dem Heck des geschleppten Fahrzeuges befinden.
- Außerdem sollte der Bug des schleppenden Fahrzeugs leicht zum anderen Fahrzeug hin geneigt sein. In dieser Anordnung können Sie noch am ehesten in gerader Linie steuern.
- Die Vorspring vom Bug des schleppenden Fahrzeugs hin zum Heck des geschleppten ist die am meisten beanspruchte Leine bei Fahrt voraus. Bei Fahrt achteraus wechselt die Belastung auf die Achterspring.

Wenn Sie geschleppt werden

Wenn Sie selbst Schlepphilfe benötigen, müssen Sie die beiden folgenden Punkte bedenken:

- Ist das Boot, das Sie abschleppen soll, wirklich geeignet? Versuchen kann man zwar alles, aber ist es auch sicher?
- Wie sieht es mit der Bezahlung aus? Einigen Sie sich mit Ihrem potenziellen Retter unbedingt vor der Übergabe jeglicher Leinen! Tun Sie das nicht, kann das Abschleppen später, falls es zu Meinungsverschiedenheiten über die Entlohnung kommen sollte, vor Gericht als Bergung ausgelegt werden. Tragen Sie die genauen Umstände außerdem in Ihr Logbuch ein, um zu beweisen, dass Sie Ihr Boot zu keiner Zeit aufgegeben haben.

Manövrieren

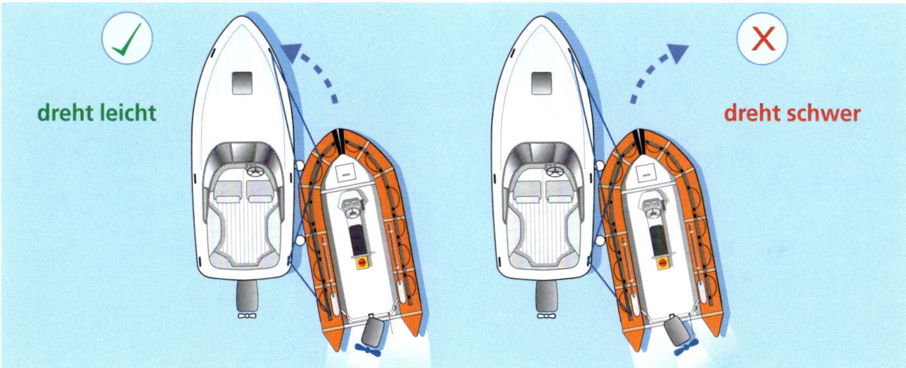

Zwei miteinander verbundene Boote verfügen über ganz besondere Manövriereigenschaften. Wenn Sie die einmal durchschaut haben, werden Sie keine Probleme mehr haben, den Schleppverband auch dorthin zu steuern, wo er wirklich hin soll. Stellen Sie sich das Gespann einfach wie ein Boot mit Doppelmotorenanlage vor, bei dem nur eine Maschine läuft. Das bedeutet, dass bei jeder Kursänderung der außen liegende Motor die größere Hebelwirkung hat.

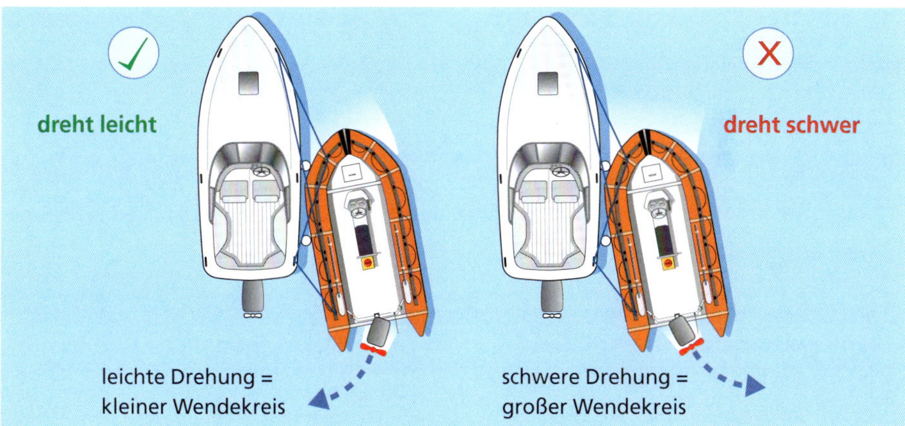

Tipp

Überlegen Sie gut, ob Ihr Boot dem Schleppvorgang auch wirklich gewachsen ist, denn in allererster Linie sind Sie für Ihre eigene Crew verantwortlich! Im Zweifelsfall müssen Sie auf Nummer sicher gehen und professionelle Hilfe anfordern.

Belegen auf einer Klampe

Sie müssen kein Weltmeister im Binden von Knoten sein – einige sollten Sie aber blind beherrschen. Hier sehen Sie, um welche es sich dabei handelt:

Der Palstek (1)

Der Palstek ist vielleicht der vielseitigste Knoten überhaupt. Das Auge kann leicht über einen Poller oder eine Klampe gelegt oder mit einer anderen Leine mit einem Schotstek verbunden werden. Der Palstek hält eine Menge aus, kann aber unter Zug nicht gelöst werden.

Der Rundtörn mit zwei halben Schlägen (2)

Dieser Knoten ist gut geeignet, um das Boot am Ring einer Muringboje oder an einer Kaimauer festzumachen. Er hält einen schweren Fender ebenso an der Reling wie eine mit ihm abgespannte Persenning. Sein Vorteil: Er kann auch unter Zug gelöst werden.

Der Webeleinstek (3)

Er kommt immer dann zum Einsatz, wenn Fender befestigt werden müssen. Man kann ihn aber auch fest über einen Poller legen. Er ist leicht zu justieren, aber nicht für hohe Belastungen geeignet, da er sich verklemmen kann.

Der Schotstek (4)

Mit ihm werden zwei Leinen unterschiedlicher Stärke miteinander verbunden, beispielsweise kann damit eine Festmacherleine verlängert werden.

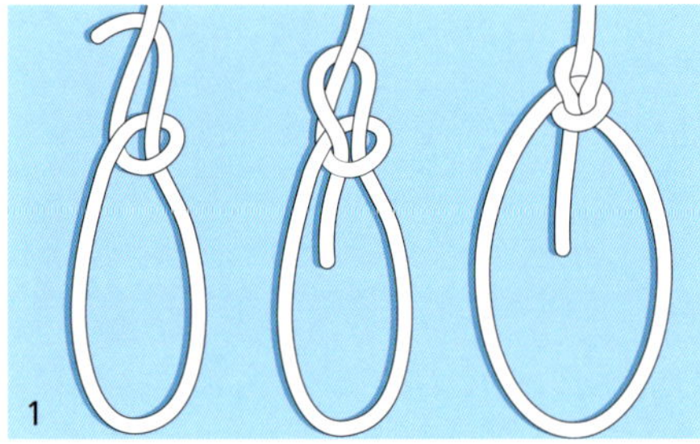

1

2

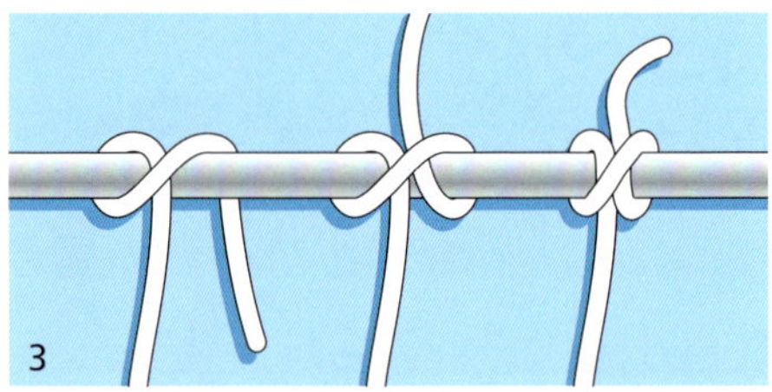

3

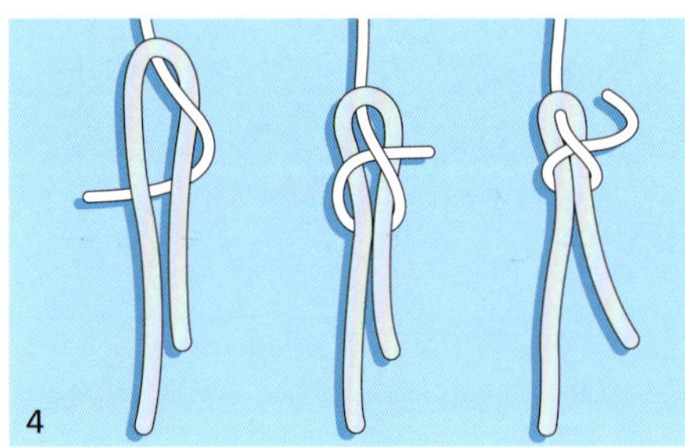

4

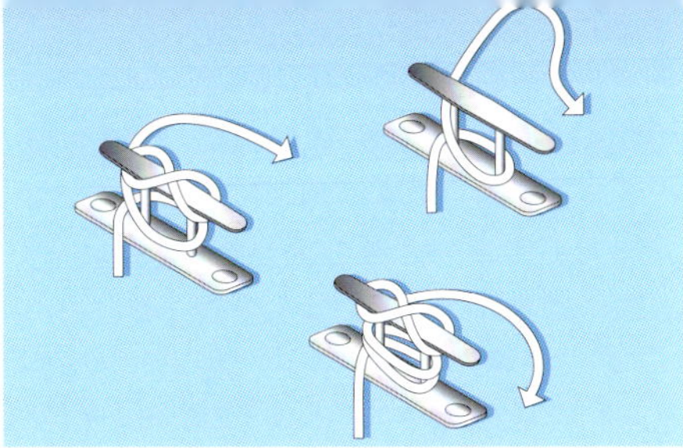

Belegen auf einer Klampe

Auf eine Festmacherleine können große Zugkräfte wirken. Passen Sie deshalb immer auf Ihre Finger auf und halten Sie sie von der Klampe fern. Das Belegen auf einer Klampe erfolgt in vier Schritten:

1 Legen Sie zunächst einen Rundtörn um die Klampe.
2 Dann folgt ein erster Kreuzschlag – das Gewicht des Bootes hängt jetzt an der Klampe. Die Leine kann aber noch immer gefiert oder dichtgeholt werden.
3 Mit einem zweiten Kreuzschlag wird noch mehr Zugspannung aufgefangen.
4 Nun legen Sie einen Kopfschlag auf die Klampe, der sich durch Zug bekneift. Das Boot ist gesichert.

Eine Leine aufschießen

Öffnen Sie die linke Hand und legen Sie gleichlange Buchten in sie hinein. Bei jeder Bucht drehen Sie die Bucht mit dem Daumen und Zeigefinger der rechten Hand ein wenig im Uhrzeigersinn, die Buchten lassen sich dann leichter aufschießen. Mit einigen rechtwinklig herumgelegten Törns schnüren Sie die Buchten am Ende zusammen, ziehen den letzten Törn als Bucht oben hindurch, legen ihn über den Kopf und ziehen fest zu – fertig.

Eine Leine werfen

Schießen Sie die Leine zunächst wie eben beschrieben auf, binden Sie sie jedoch nicht zusammen. Nun behalten Sie ein Ende in der linken Hand und werfen mit der anderen Hand die losen, aufgeschossenen Buchten in die gewünschte Richtung. Wenn Sie alles richtig machen, wird die Leine sich im Flug selbst entfalten.

Der Wurf über die Klampe

Legen Sie ein Ende der Leine fest auf die Klampe an Bord. Danach schießen Sie die Leine auf und führen sie unter dem Bugkorb oder der Reling hindurch. Nun stellen Sie sich auf das lose Ende oder halten es fest in der Hand, bevor Sie die aufgeschossene Leine teilen und zu gleichen Teilen in beide Hände nehmen. Wenn die gewünschte Klampe auf der Pier in Reichweite ist, werfen Sie die Leine darüber und belegen das lose Ende an Deck. Dann holen Sie die Leine dicht. Am besten üben Sie den Wurf ein paar Mal auf dem Trockenen, bis Sie ihn verlässlich beherrschen.

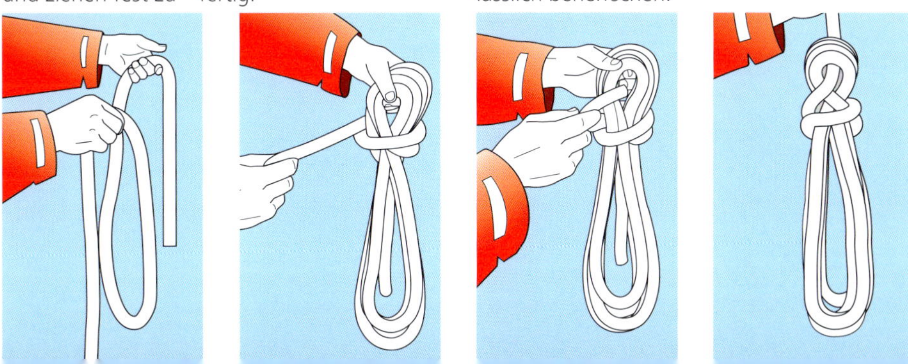

Leinenmaterialien

Je nach Verwendungszweck kommen Leinen aus verschiedenen Materialien infrage:

- *Polyamid:* Besser bekannt als Nylon. Es ist sehr dehnbar, reiß- und scheuerfest und daher gut geeignet für Festmacher, Anker- und Schleppleinen. Außerdem lässt es sich gut spleißen. Wenn es feucht wird, verliert es jedoch an Festigkeit.
- *Polypropylen:* Sehr leicht und schwimmfähig, eignet es sich gut für Wurfleinen oder Wasserski-Schleppleinen. Es kann auch als Festmacher eingesetzt werden, wird jedoch durch Scheuern schnell beschädigt.
- *Polyester:* Tauwerk aus Polyester findet man eher an Bord von Segelyachten, da es sich wenig dehnt und hochbelastbar ist. Für Festmacher und Ankerleinen eignet es sich nicht.

Die Leinen an Bord

Kleinere Sportboote sollten mindestens zwei Leinen an Bord haben, die sich als Festmacher eignen, besser sind jedoch vier Leinen. Ein Festmacher sollte mindestens die zweifache Bootslänge haben – nur dann ist er lang genug, um als Vor- oder Achterleine und gleichzeitig als Vor- oder Achterspring (in der Zeichnung rot) dienen zu können. Die Spring verhindert, dass sich das Boot an seinem Liegeplatz vor- und zurückbewegt.

Die Ankerleine sollte so lang wie möglich sein; allerdings nur so lang, dass sie noch locker im Ankerkasten liegen und gut trocknen kann. Die Länge richtet sich nach Ihren häufigsten Ankerplätzen: Die Leinenlänge sollte dem Sechsfachen der Wassertiefe an diesen Orten entsprechen. Wenn kein Kettenvorläufer fest mit der Leine verspleißt ist, kann sie auch zum Schleppen eingesetzt werden. Auch hier schadet eine Ersatzleine nicht, die als Verlängerung genutzt werden kann, sollte das Wasser am Ankerplatz doch tiefer sein als üblich.

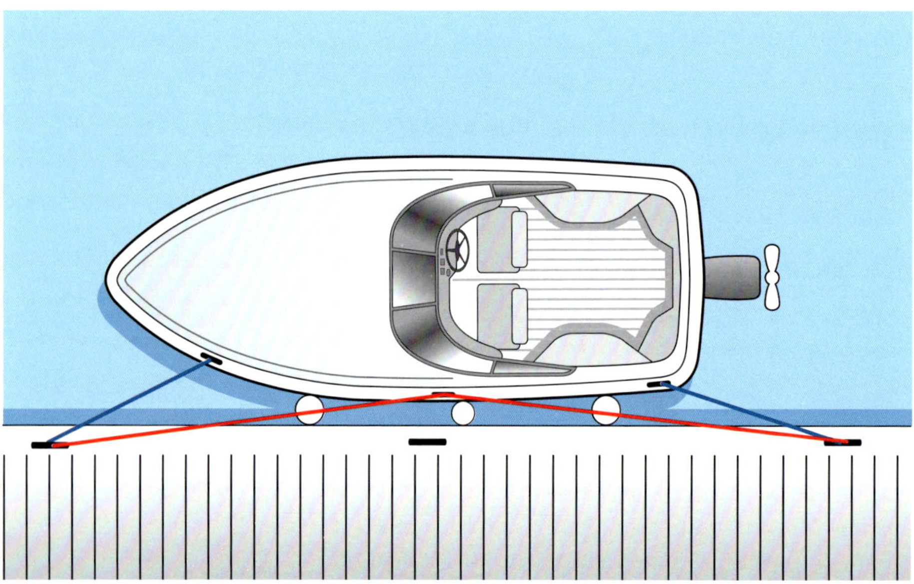

Kollisionsverhütung

Die international gültigen Kollisionsverhütungsregeln (KVR) schreiben vor, wie Fahrzeuge auf der hohen See unnötige Annäherung zu vermeiden und in gefährlichen Situationen Kollisionen zu verhindern haben.

Jeder Skipper ist verpflichtet, die Kollisionsverhütungsregeln zu befolgen. Die meisten sind ohnehin durch gesunden Menschenverstand begründet. Zum Beispiel:

- Auf jedem Fahrzeug muss der Ausguck durchgängig besetzt sein.
- Kollisionen werden durch entschiedene und klar erkennbare Manöver verhindert.
- Es darf immer nur in einer den Umständen angepassten, sicheren Geschwindigkeit gefahren werden.

Da Motorboote sehr manövrierfähig sind, sind sie in der Regel anderen Fahrzeugen gegenüber ausweichpflichtig – so gegenüber Fahrzeugen, die gerudert oder gesegelt werden, die beim Fischen oder erkennbar manövrierbehindert oder manövrierunfähig sind.

Die erste Frage muss immer lauten: »Besteht Kollisionsgefahr?« Wenn ja, gelten die KVR für beide Skipper. Der eine wird mit seinem Fahrzeug zum Ausweichpflichtigen, der andere zum Kurshalter. Wenn beide sich daran halten, wird das Konzept der KVR aufgehen. Dennoch: Auf See gibt es selten wirklich eindeutige Situationen. Das bedeutet, dass Sie im Zweifelsfall möglicherweise, auch wenn Sie Kurshalter sind, andere Manöver in Betracht ziehen müssen, um eine Kollision zu vermeiden.

Gesunder Menschenverstand

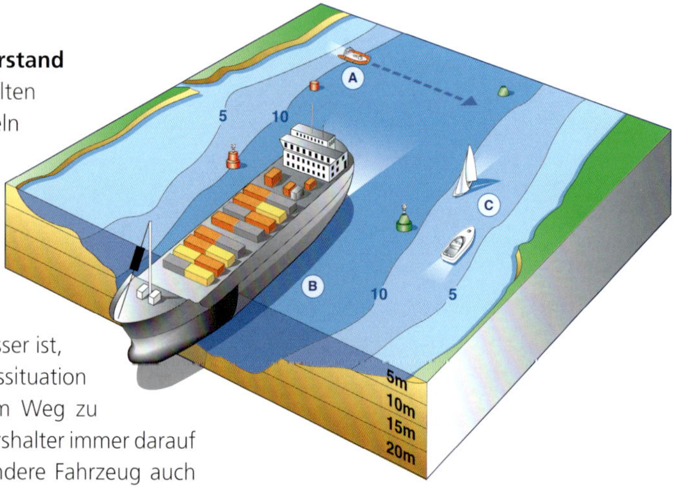

Für ein 5-m-Sportboot gelten auf See die gleichen Regeln wie für einen Supertanker. Allerdings sind Sie gut beraten, wenn Sie nicht immer auf Ihr Recht pochen. Schon der gesunde Menschenverstand sagt, dass es besser ist, einer möglichen Kollisionssituation schon frühzeitig aus dem Weg zu gehen, anstatt sich als Kurshalter immer darauf zu verlassen, dass das andere Fahrzeug auch wirklich ausweichen wird. Denn Sie dürfen nicht vergessen, dass es eventuell durch seinen Tiefgang oder gerade auszuführende Arbeiten in seiner Manövrierfähigkeit eingeschränkt sein könnte.

A *Das Schlauchboot quert das Fahrwasser so schnell wie möglich im rechten Winkel.*

B *Der große Frachter ist durch seinen Tiefgang manövrierbehindert und wird sich in der Mitte des Fahrwassers halten.*

C *Kleinere Fahrzeuge können sich bei ausreichender Wassertiefe auch außerhalb des Fahrwassers bewegen. Allerdings müssen sie auch dann Backbord an Backbord passieren.*

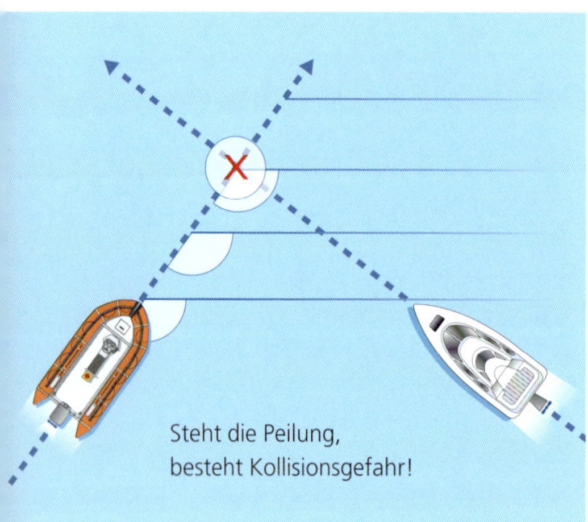

Wann besteht Kollisionsgefahr?

Wenn sich die Peilung zum anderen Fahrzeug während der Annäherung nicht verändert, sondern steht, wird es zu einer Kollision kommen – Sie müssen also handeln.

Völlig unabhängig davon, ob Sie oder der andere in der Rolle des Kurshalters sind, haben beide Fahrzeuge die Verpflichtung, die Kollision zu verhindern. Falls nötig, müssen Sie deshalb auch andere Aktionen einleiten!

Achtung! Der Kurshalter sollte niemals nach Backbord ausweichen!

Entgegengesetzte Kurse

Jedes der beiden Fahrzeuge muss eine entschieden ausgeführte und klar erkennbare Kursänderung nach Steuerbord vornehmen, sodass sie sich in ausreichendem Abstand an Backbord passieren. Wenn keine Kollisionsgefahr besteht, können sich beide Fahrzeuge auch in ausreichendem Abstand an Steuerbord passieren.

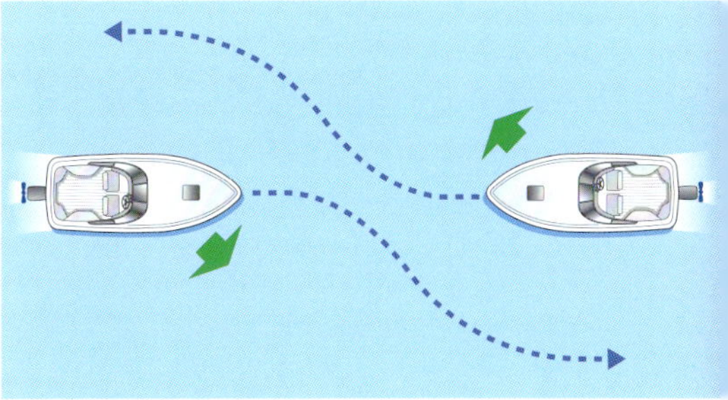

Kreuzende Kurse

Der Kurshalter sollte in dieser Situation Kurs und Geschwindigkeit beibehalten, gleichzeitig jedoch weiterhin genau die auf dem anderen Fahrzeug eingeleiteten Maßnahmen beobachten. Die sollten so aussehen, dass das ausweichpflichtige Fahrzeug Kurs und/oder Geschwindigkeit so ändern sollte, dass der Abstand beim Passieren groß genug bleibt.

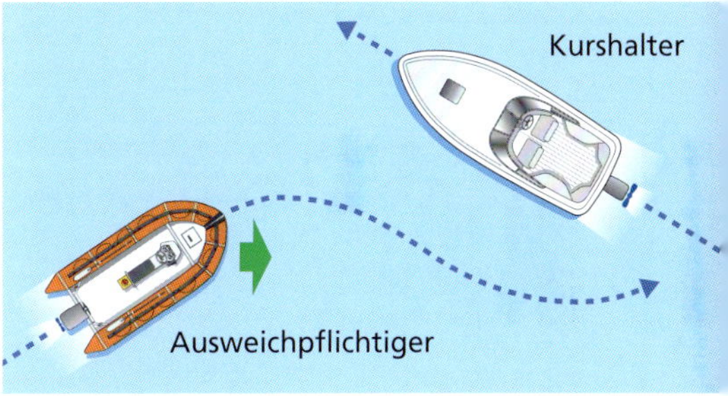

Kurs halten oder ausweichen?

- Wenn bei einer Annäherung auf kreuzenden Kursen das andere Fahrzeug von Steuerbord auf Sie zu kommt, sind Sie ausweichpflichtig.
- Kommt das andere Fahrzeug dagegen von Backbord, muss es selbst ausweichen. Sie sind Kurshalter.

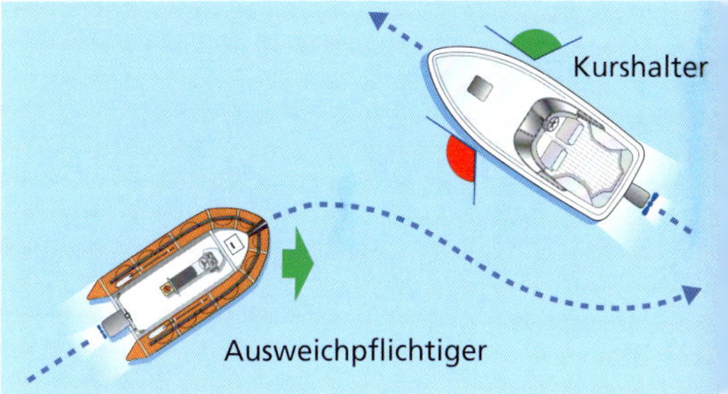

Überholen

Ein Fahrzeug gilt als Überholer, sobald es sich dem vor sich fahrenden Fahrzeug mit höherer Geschwindigkeit innerhalb eines Winkel von 135° (vom Heck des zu überholenden Fahrzeugs aus gesehen) annähert. Der Überholer muss während des Manövers ausreichend Sicherheitsabstand einhalten. Das zu überholende Fahrzeug muss dagegen Kurs und Geschwindigkeit beibehalten.

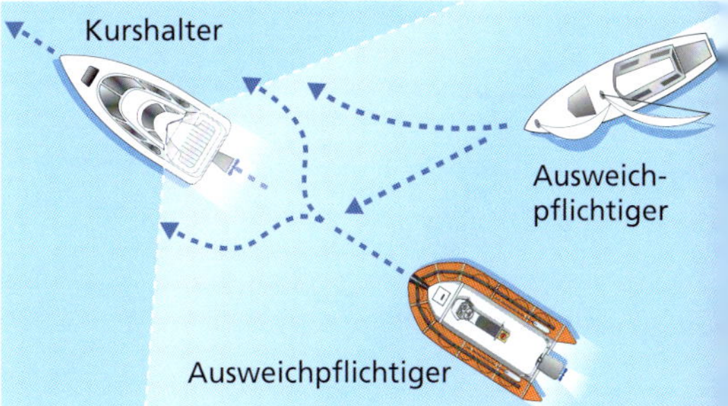

Segelnde Fahrzeuge

- Motorboote müssen – solange sie nicht überholt werden – segelnden Fahrzeugen immer ausweichen, indem sie sie hinter ihrem Heck passieren.
- Zu Seglern sollte außerdem besonders viel Abstand gehalten werden, da sie für Kursänderungsmanöver wie Wenden oder Halsen mehr Zeit und Raum benötigen. Denken Sie daran, dass der von Ihnen verursachte Schwell bei hoher Geschwindigkeit ein kleineres Boot leicht aus dem Gleichgewicht bringen kann!
- Ein Segler, der mit Motorunterstützung fährt, muss diesen Zustand mit einem schwarzen, mit der Spitze nach unten weisenden Kegel anzeigen und gilt automatisch, wenn es um das Wegerecht geht, als motorisiertes Fahrzeug.

Zu wissen, wie segelnde Fahrzeuge untereinander ausweichen, kann auch für Sie hilfreich sein – beispielsweise wenn Sie sich einer solchen Situation nähern.

Da Segler nicht direkt in den Wind segeln können, müssen sie kreuzen, also einen Zickzackkurs steuern.

Wenn die Gefahr eines Zusammenstoßes besteht, muss der eine Segler dem anderen wie folgt ausweichen: Wenn sie den Wind nicht von derselben Seite haben, muss das Fahrzeug, das den Wind von Backbord hat (das heißt auf Steuerbordbug segelt), dem anderen ausweichen. Wenn sie den Wind von derselben Seite haben, muss das luvwärtige Fahrzeug dem leewärtigen ausweichen.

»Backbordbug vor Steuerbordbug«
Haben zwei Segler den Wind von verschiedenen Seiten, muss der ausweichen, bei dem der Wind von Steuerbord einfällt (und die Segel an Backbord stehen).

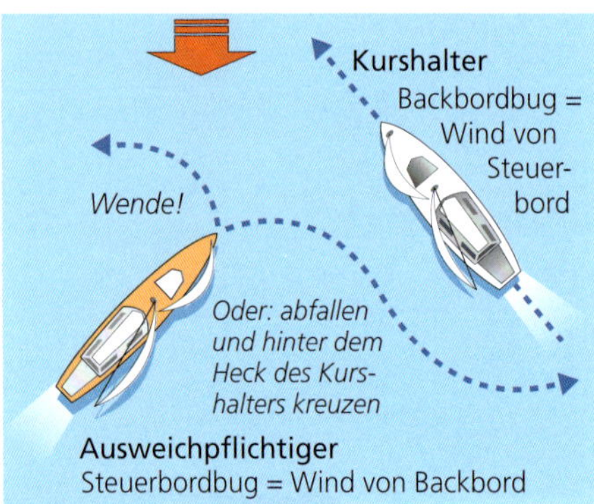

»Lee vor luv«
Haben beide den Wind von der gleichen Seite, muss der ausweichen, der sich in luvwärtiger Position befindet.

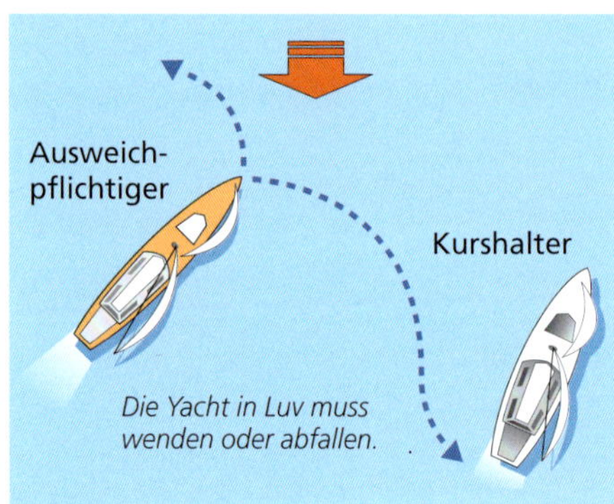

Eingeschränkte Sicht

Wenn die Sicht eingeschränkt ist, müssen Sie Ihre Geschwindigkeit verringern und den Bedingungen entsprechend anpassen. Wichtig ist, besonders sorgfältig Ausguck zu halten. Wer ein Radar an Bord hat, sollte es einsetzen. Um das Risiko der Begegnung mit großen Schiffen zu begrenzen, sollten Sie außerdem flacheres Wasser aufsuchen.

Lichterführung, Signalkörper und Schallsignale

Die Lichterführung eines Fahrzeugs bei Nacht verrät Ihnen genau, um was für ein Gefährt es sich handelt, ob es sich in Fahrt befindet und wenn ja, in welche Richtung es sich bewegt. Tagsüber zeigen Signalkörper an, was für ein Fahrzeug Sie vor sich haben. Schallsignale werden bei verminderter Sicht oder in Manöver- und Warnsituationen gegeben. Ein langer Ton dauert etwa vier bis sechs Sekunden, ein kurzer dagegen etwa eine Sekunde.

	bei Nacht	**bei Tag**
Ein kleines Fahrzeug unter 7 m Länge und langsamer als 7 kn zeigt ein weißes Rundumlicht. Allerdings sollten, wenn möglich, auch Seitenlichter geführt werden, um die Verwechslung mit einem Ankerlieger oder der Heckansicht eines Fahrzeuges zu vermeiden.		
Ein Maschinenfahrzeug von weniger als 50 m Länge in Fahrt führt ein weißes Topplicht, rote und grüne Seitenlichter sowie ein weißes Hecklicht. Schallsignal bei verminderter Sicht: ▬ alle zwei Minuten.	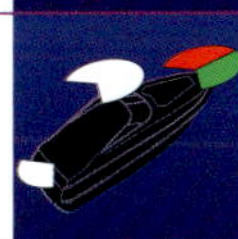	
Ein Maschinenfahrzeug von 50 oder mehr m Länge in Fahrt führt zwei weiße Topplichter (das achtere höher als das vordere), rote und grüne Seitenlichter sowie ein weißes Hecklicht. Schallsignal bei verminderter Sicht: ▬ alle zwei Minuten.	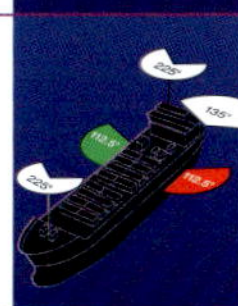	
Ein Segelfahrzeug von weniger als 20 m Länge in Fahrt führt Seitenlichter und ein Hecklicht. Es darf die Seitenlichter auch in einer Zweifarbenlaterne am Bug oder alle drei Lichter in einer Dreifarbenlaterne im Masttopp führen. Fährt es mit Maschinenunterstützung, muss es die entsprechenden Lichter eines Maschinenfahrzeugs führen. Bei Tag muss dann als Signalkörper ein Kegel mit der Spitze nach unten gesetzt werden. Schallsignal unter Segel bei verminderter Sicht: ▬ • • alle zwei Minuten.	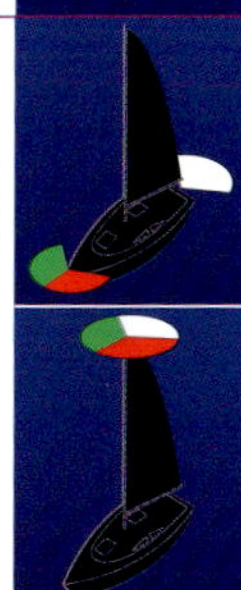	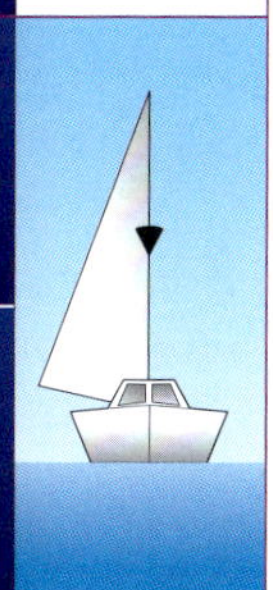
Ein vor Anker liegendes Fahrzeug von weniger als 50 m Länge führt bei Nacht ein weißes Rundumlicht. Ist es 50 m oder länger, muss es zwei weiße Rundumlichter zeigen, wobei das achtere tiefer als das vordere liegen muss. Bei Tag zeigen Ankerlieger einen Ball über dem vorderen Teil des Schiffes. Schallsignal bei verminderter Sicht: bei einer Länge von unter 100 m jede Minute schnelle Glockenschläge für eine Dauer von fünf Sekunden, bei einer Länge von 100 m und mehr jede Minute schnelle Glockenschläge für eine Dauer von fünf Sekunden auf dem Vorschiff, danach Gongschläge ebenfalls für eine Dauer von fünf Sekunden auf dem Achterschiff.		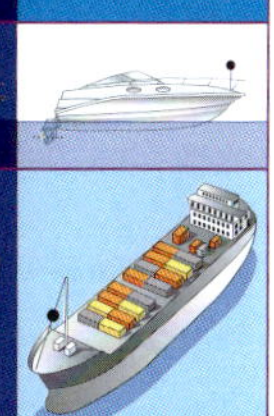
Ein Fahrzeug bei Taucherarbeiten zeigt bei Tag die Flagge »A« des Internationalen Signalbuches, bei Nacht die Lichter eines manövrierbehinderten Fahrzeugs (siehe Folgeseite).	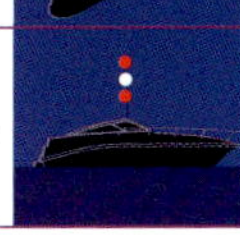	

	bei Nacht	bei Tag
Ein manövrierunfähiges Fahrzeug ohne Fahrt durchs Wasser, beispielsweise ein treibendes Schiff mit ausgefallener Maschine, zeigt zwei rote Rundumlichter bei Nacht und zwei schwarze Bälle bei Tag. Macht das Fahrzeug Fahrt durchs Wasser, führt es zusätzlich Seitenlichter und Hecklicht. Schallsignal: ▬ • • alle zwei Minuten.		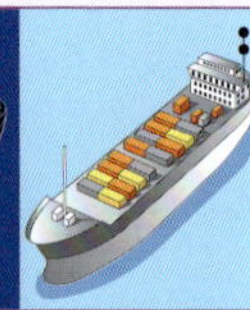
Ein tiefgangbehindertes Fahrzeug mit Fahrt durchs Wasser, beispielsweise in einem engen Fahrwasser, führt drei rote Rundumlichter bei Nacht und einen schwarzen Zylinder bei Tag. Dazu kommen bei Nacht Topp- und Seitenlichter und das Hecklicht. Schallsignal: ▬ • • alle zwei Minuten.		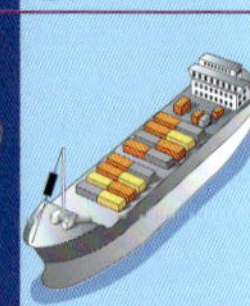
Ein Fahrzeug mit Fahrt durchs Wasser, das durch die Art seines Einsatzes manövrierbehindert ist, wie etwa Kabel- oder Tonnenleger, führt bei Nacht drei Rundumlichter übereinander, das obere und untere rot, das mittlere weiß, und drei Signalkörper bei Tag, der obere und untere ein Ball, der mittlere ein Rhombus. Dazu kommen bei Nacht Topp- und Seitenlichter und das Hecklicht. Schallsignal: ▬ • • alle zwei Minuten.		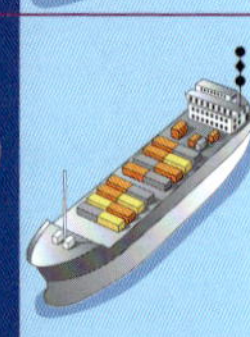
Ein fischendes Fahrzeug (außer einem Trawler), das mit Treibnetzen oder Ringwaden fischt, führt bei Fahrt durchs Wasser bei Nacht zwei Rundumlichter übereinander, das obere rot, das untere weiß, und zwei Signalkörper in der Form eines Stundenglases bei Tag. Dazu kommen bei Nacht die Seitenlichter und das Hecklicht. Schallsignal: ▬ • • alle zwei Minuten.		
Ein fischender Trawler, der mit Schleppnetzen oder anderem geschleppten Gerät fischt, führt bei Fahrt durchs Wasser bei Nacht zwei Rundumlichter übereinander, das obere grün, das untere weiß, und zwei Signalkörper in der Form eines Stundenglases bei Tag. Dazu kommen bei Nacht Topp- und Seitenlichter und das Hecklicht. Schallsignal: ▬ • • alle zwei Minuten.		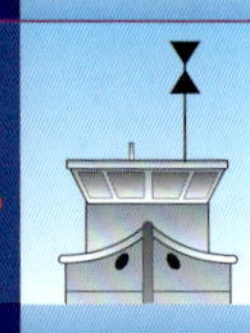
Ein manövrierbehindertes Fahrzeug, das baggert oder Unterwasserarbeiten ausführt, führt bei Nacht drei Rundumlichter übereinander, das obere und untere rot, das mittlere weiß, und drei Signalkörper bei Tag, der obere und untere ein Ball, der mittlere ein Rhombus. Dazu kommen zwei rote Rundumlicher (bzw. zwei Bälle) übereinander, die die Seite der Behinderung anzeigen, und zwei grüne Rundumlichter (bzw. zwei Rhomben) übereinander, die die Passierseite für andere Fahrzeuge anzeigen.		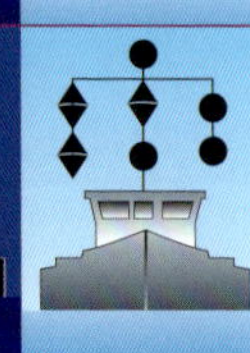
Ein schleppendes Maschinenfahrzeug führt bei Nacht zwei Topplichter übereinander. Ist der Schleppverband länger als 200 m, müssen es drei weiße Topplichter übereinander sein. Dazu kommen Seitenlichter, Hecklicht und ein gelbes Schlepplicht senkrecht darüber. Bei einer Länge über 200 m wird bei Tag ein Rhombus geführt. Schallsignal: ▬ • • alle zwei Minuten.	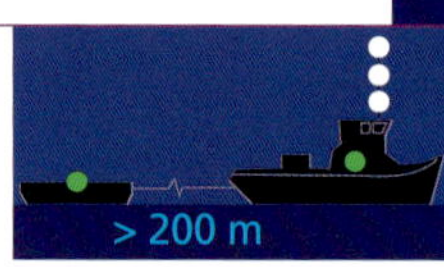 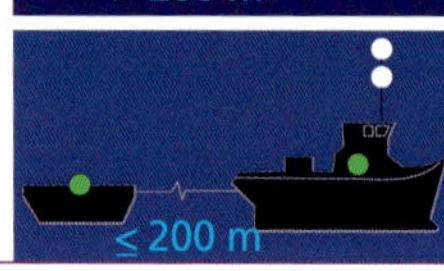	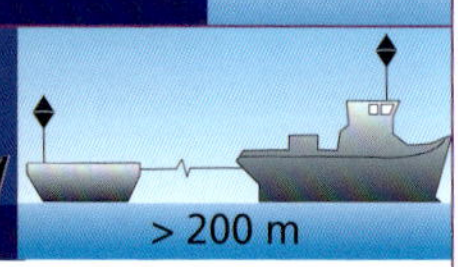 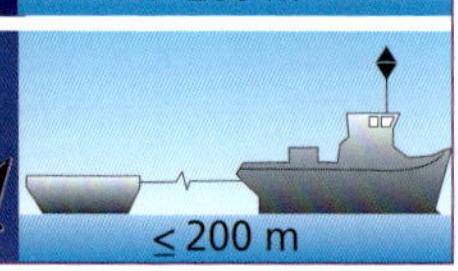

	bei Nacht	bei Tag
Ein gelbes Funkellicht sieht man bei Fahrzeugen, wenn sie nicht im Verdrängerzustand fahren – also **beispielsweise** bei Luftkissenbooten oder Hochgeschwindigkeitsfähren.		
Ein Lotsenfahrzeug im Dienst führt bei Nacht zwei Rundumlichter senkrecht übereinander, das obere weiß, das untere rot. In Fahrt kommen Seitenlichter und Hecklicht dazu. Erkennungssignal: • • • •		
Ein Fahrzeug beim Minenräumen führt zusätzlich zu den Lichtern eines Maschinenfahrzeugs in Fahrt bei Nacht drei grüne Rundumlichter in dreiecksförmiger Anordnung, bei Tag anstelle der grünen Lichter je einen Ball. Schallsignal: ▬ • • alle zwei Minuten.		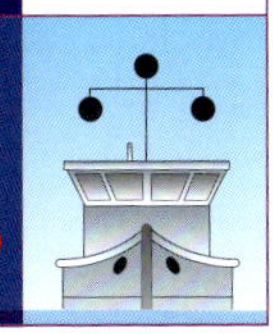

Manöver- und Warnsignale

Auch Schallsignale können darauf hinweisen, welches Manöver ein Fahrzeug ausführen wird. Ein geeignetes Gerät zum Abgeben von Schallsignalen sollte sich bei Ihnen an Bord befinden.

1 kurzes Pfeifensignal	○	»Ich ändere meinen Kurs nach Steuerbord!«
2 kurze Pfeifensignale	○○	»Ich ändere meinen Kurs nach Backbord!«
3 kurze Pfeifensignale	○○○	»Meine Maschine geht rückwärts!«
5 kurze Pfeifensignale und mehr	○○○○○	Hinweissignal »Gefahr!«

Verkehrstrennungsgebiete

Verkehrstrennungsgebiete werden in jenen Seegebieten festgelegt, die sich durch viel Verkehr auszeichnen. Sie funktionieren wie eine gewöhnliche Straße mit getrennten Fahrbahnen (Einbahnwegen) für die verschiedenen Richtungen. Wenn man ein Verkehrstrennungsgebiet queren möchte, muss das auf dem schnellstmöglichen und kürzesten Weg passieren: im 90°-Winkel. Der Verkehr darf dabei nicht behindert werden! Verkehrstrennungsgebiete sind auf Seekarten lila unterlegt. Pfeile zeigen die Fahrtrichtung in den Einbahnwegen an.

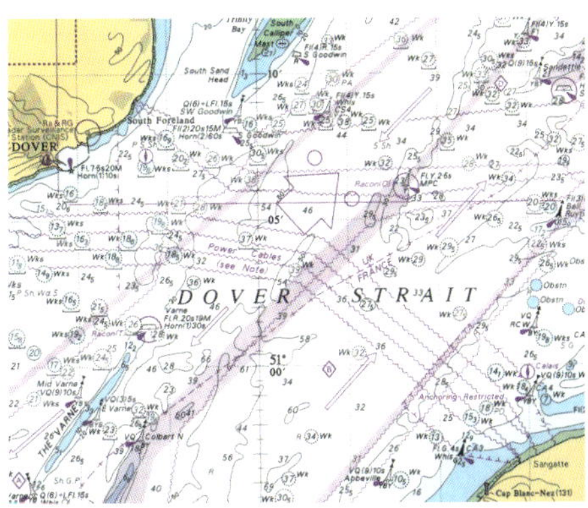

Seezeichen

Weltweit existieren zwei Betonnungssysteme, IALA A und IALA B. Sie unterscheiden sich in der Farbe und Kennung von lateralen Seezeichen.

IALA-A wird in Europa, Russland, Indien, Australien und Neuseeland verwendet. In den USA, Kanada, Südamerika, Teilen der Karibik und Südostasien findet man das IALA-B-System. Der Unterschied: Dort sind rot und grün »vertauscht« und markieren die jeweils andere Fahrwasserseite.

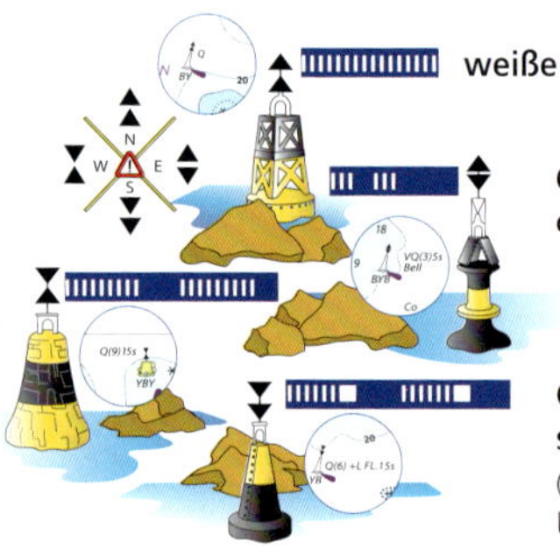

weiße Funkel oder schnelle Funkel ohne Unterbrechung

Gruppe aus 3 weißen Funkeln oder schnellen Funkeln

Gruppe aus 9 weißen Funkeln oder schnellen Funkeln

Gruppe aus 6 weißen Funkeln oder schnellen Funkeln und 1 weißem Blink
(der längere Blink dient der besseren optischen Unterscheidung zwischen den Süd- und Westzeichen)

Die Kardinalzeichen

Kardinalzeichen warnen vor Gefahrenstellen. Die schwarzen Doppelkegel als Toppzeichen zeigen immer die Position des schwarzen Bandes auf dem gelben Tonnenkörper an und geben damit Auskunft, um was für eine Tonne (N, E, S oder W) es sich handelt.

Weitere Schifffahrtszeichen

Gelbe Tonnen oder Stangen kennzeichnen »besondere Gebiete und Stellen«, wie Warngebiete, Schüttstellen oder Kabelverläufe. Häufig sind sie mit einem liegenden, gelben Kreuz als Toppzeichen versehen.

Sperrgebiete, die nicht durchfahren werden dürfen, werden ebenfalls durch gelbe Tonnen abgegrenzt, die jedoch zusätzlich mit einem breiten roten Band oder Streifen gekennzeichnet sind (ohne Abbildung).

Einzelgefahrenstellen, die an allen Seiten passiert werden können, werden durch schwarze Seezeichen mit einem horizontalen roten Band markiert. Ihr Toppzeichen besteht aus zwei schwarzen Bällen übereinander.

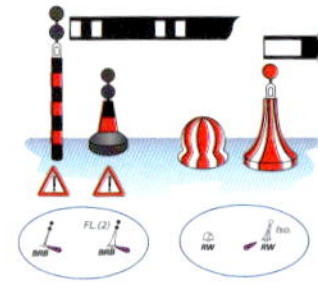

Seezeichen mit abwechselnden, vertikalen Streifen in rot und weiß bezeichnen die Zufahrt zu einem Fahrwasser oder die Mitte eines Schifffahrtsweges. Als Toppzeichen dient ihnen ein weiß-roter Ball.

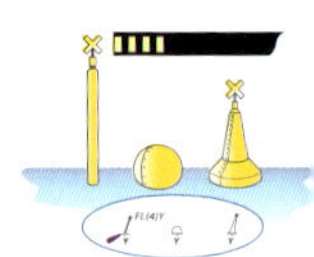

Die Betonnung im IALA-A-System

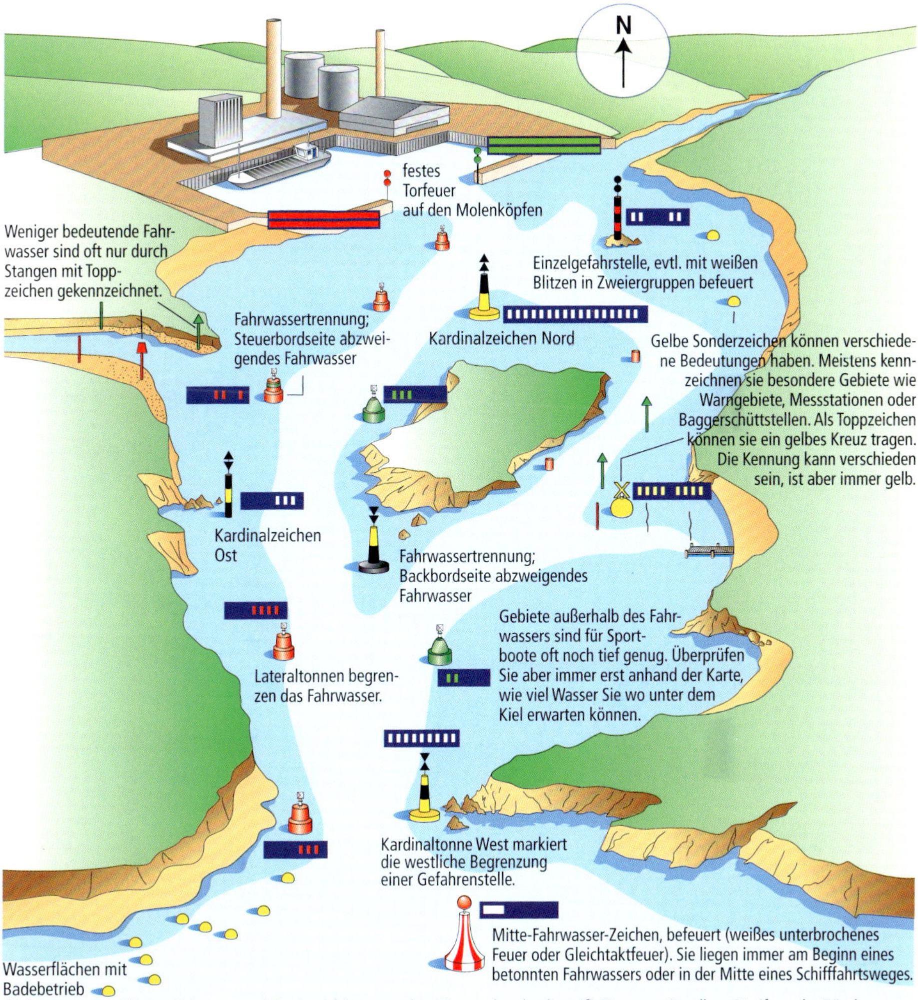

dürfen von motorisierten Fahrzeugen nicht durchfahren werden. Sie werden durch weiße Tonnen mit gelben Streifen oder Bändern bezeichnet. Geöffnete Durchfahrtsschneisen können durch zusätzliche weiße Flaggen als Toppzeichen gekennzeichnet werden.

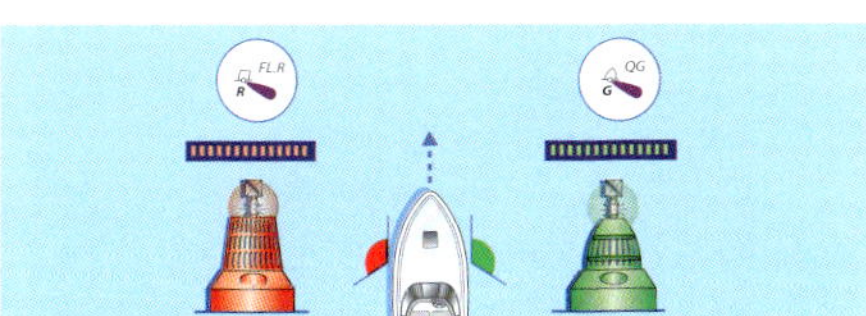

Backbord: Rote Stumpf-, Leucht- oder Spierentonnen. Ebenfalls stumpfer, roter Zylinder als Toppzeichen. Die Befeuerung ist rot, verschiedene Kennungen möglich.

Steuerbord: Grüne Spitz-, Leucht- oder Spierentonnen. Ebenfalls spitzer, grüner Kegel als Toppzeichen. Die Befeuerung ist grün, verschiedene Kennungen möglich.

Lateralzeichen

Lateralzeichen bezeichnen immer ein Fahrwasser. Beim Einlaufen liegen rote Stumpftonnen an Backbord, grüne Spitztonnen entsprechend an Steuerbord.

Die Sektorenfeuer

In der Ansteuerung zu Häfen oder bei Richtungswechseln im Fahrwasser findet man häufig Sektorenfeuer. Solange sich ein Boot im weißen Sektor befindet ist es sicher vor Untiefen und anderen Hindernissen. Man spricht deshalb auch von Leitfeuer. Rote Sektoren warnen dagegen meist vor gefährlichen Bereichen. Richtungswechsel eines Fahrwassers werden durch eine Farbänderung angezeigt. Welchen Zweck ein bestimmtes Sektorenfeuer hat, kann der Seekarte entnommen werden. Dazu zwei Beispiele:

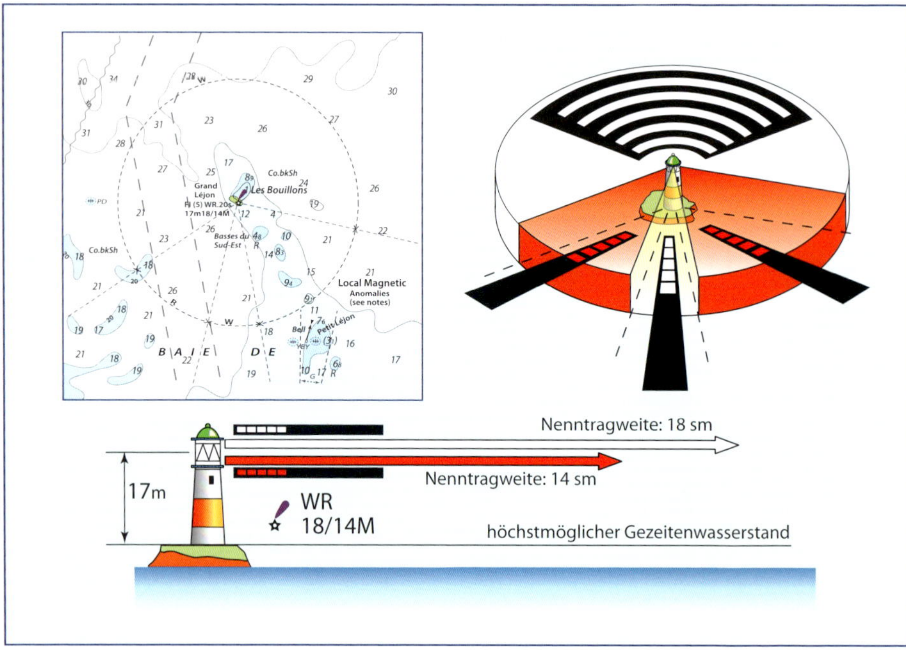

Das Leitfeuer

Befindet sich ein Boot bei der Ansteuerung des abgebildeten Leuchtfeuers im roten Sektor, hält es sich zu weit nach Backbord und muss den Kurs nach Steuerbord korrigieren. Im weißen Sektor befindet sich das sichere Fahrwasser. Fährt das dagegen im grünen Sektor, ist es zu weit nach Steuerbord abgekommen und muss entsprechend nach backbord korrigieren.

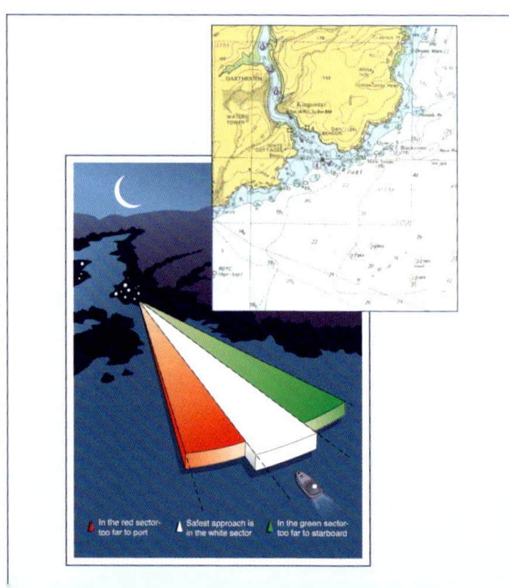

Weitere Leuchtfeuer

Neben dem Sektoren- und Leitfeuer gibt es noch weitere Arten von Leuchtfeuern. Seefeuer dienen der optischen Orientierung noch weit vor der Küste. Ihre starken Laternen mit meist weißem Licht verfügen über eine sehr große Tragweite.

Viele Fahrwasserlinien werden dagegen durch Richtfeuer gekennzeichnet. Bei dieser Methode stehen zwei Feuer mit gleicher Kennung in unterschiedlicher Höhe hintereinander. Erscheinen die Feuer während der Ansteuerung übereinander – also in Deckungspeilung –, befindet man sich genau in der Richtfeuerlinie und damit in der Fahrwassermitte.

Befeuerte Hafeneinfahrten tragen auf den Molenköpfen häufig einlaufend ein rotes Licht an Backbord und ein grünes an Steuerbord – das sogenannte Hafenfeuer.

Die Kennungen befeuerter Seezeichen

Auf jeder Seekarte sind auch die Kennungen befeuerter Seezeichen zu finden. Die Kennung sagt aus, welche Art, welche Wiederkehr und welche Farbe das Lichtsignal hat. Dies sind die häufigsten Typen. In Klammern befindet sich die englische Bezeichnung, deren Abkürzungen auch international verwendet werden.

Name	Abkürzung	Beschreibung	Erscheinung
Festfeuer (Fixed)	F. (F)	Feuer mit gleichbleibender Stärke und Farbe	
Blitzfeuer (Flashing)	Blz. (Fl)	Blitzfeuer, häufiger aus als an	
Blitzfeuer mit Gruppen (Group flashing)	Blz. (2), (Fl (2))	Blitzfeuer in Gruppen (mindestens zwei Blitze)	
Blinkfeuer (Long flashing)	Blk. (LFl)	Ein Blink leuchtet mit mindestens 2 Sekunden länger als ein Blitz	
Funkelfeuer (Quick)	Fkl. (Q)	50 oder 60 Leuchterscheinungen pro Minute	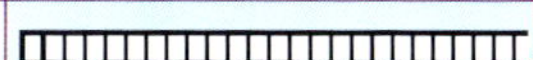
Schnelles Funkelfeuer (Very quick)	SFkl. (VQ)	100 oder 120 Leuchterscheinungen pro Minute	
Funkelfeuer mit Gruppen (Group quick)	Fkl. (9), (Q (9))	Eine Gruppe von Funkeln, gefolgt von einer Dunkelphase	
Unterbrochenes Funkelfeuer (Interrupted quick)	Fkl.unt. (IQ)	Ähnlich dem Gruppenfunkelfeuer, aber ohne bestimmte Anzahl von Funkeln	
Gleichtaktfeuer (Isophase)	Glt. (Iso)	Die Leuchtphase ist genauso lang wie die Dunkelphase	
Unterbrochenes Feuer (Occulting)	Ubr. (Oc)	Die Leuchtphase ist länger als die Dunkelphase	
Wechselfeuer (Alternating)	Wchs.w.r. (Al.WR)	Farbwechsel	
Mischfeuer (Fixed and flashing)	F. Blz. (2), (FFl (2))	Mischfeuer, z. B. Kombination aus Festfeuer und Blitzen	

Navigation

Die Seekarte

Seekarten sind das nautische Äquivalent zu Straßenkarten. Sie enthalten eine Fülle wichtiger Informationen und sind auf jedem Sportboot unverzichtbar, ganz egal wie groß es ist.

Als man begann, die Welt zu kartografieren, wurde schnell offensichtlich, dass man eine Methode benötigte, um ein Stück der gewölbten Erdoberfläche auf einem flachen Blatt Papier abbilden zu können. Die sogenannte Mercator-Projektion, die noch heute Standard ist, war das Ergebnis. Um das Verfahren zu veranschaulichen, muss man sich zunächst einen von innen hell beleuchteten Globus vorstellen. Eine Mercator-Projektion entspricht nun dem Bild der Globusoberfläche, das von dem Licht auf ein flaches, zylindrisch um den Globus gewickeltes Blatt Papier geworfen wird.
Um eine Position definieren zu können, werden auf die Erdoberfläche zwei unterschiedliche Arten von Linien »gezeichnet«. Die Linien der ersten Art laufen immer in Nord-Süd-Richtung durch beide Pole und werden Meridiane oder Längengrade genannt. Die anderen Linien verlaufen dagegen immer horizontal und parallel zueinander und heißen Breitengrade.

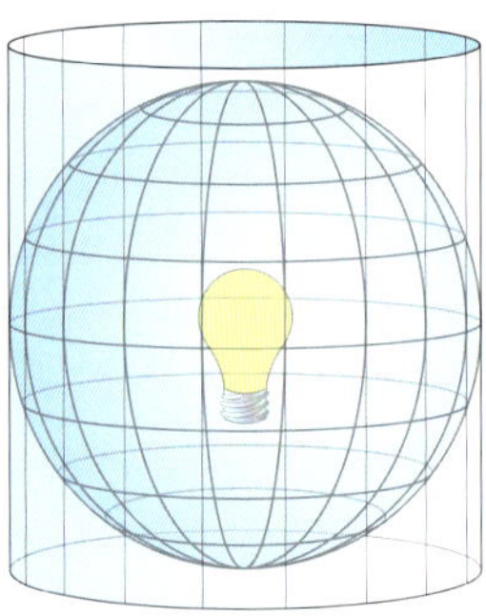

Die Längengrade

Dieser Blick von oben auf den Nordpol zeigt den in rot hervorgehobenen Nullmeridian, den Längengrad von Greenwich, der einer geografischen Länge von 0° entspricht. Alle Positionen befinden sich also entweder östlich oder westlich des Nullmeridians.

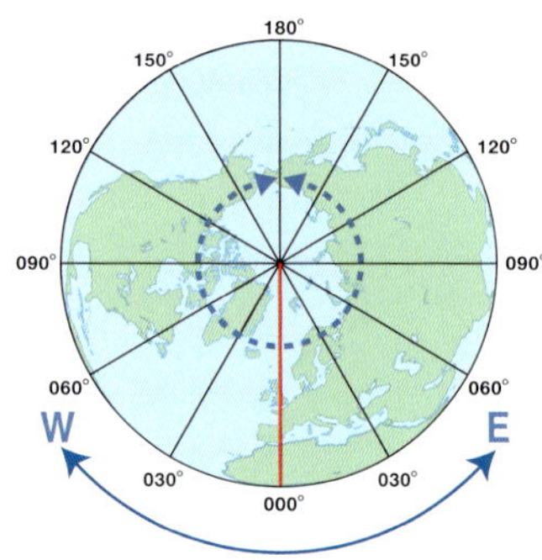

Wenn man die Erde aus einem anderen Winkel betrachtet, erkennt man, dass durch die Einteilung in Längengrade am Nord- und Südpol spitz zulaufende Segmente entstehen. Die Teilungslinien der Segmente sind die Längengrade. Bei einer Länge von beispielsweise 030° W befinden wir uns also irgendwo auf der rot hervorgehobenen Linie.

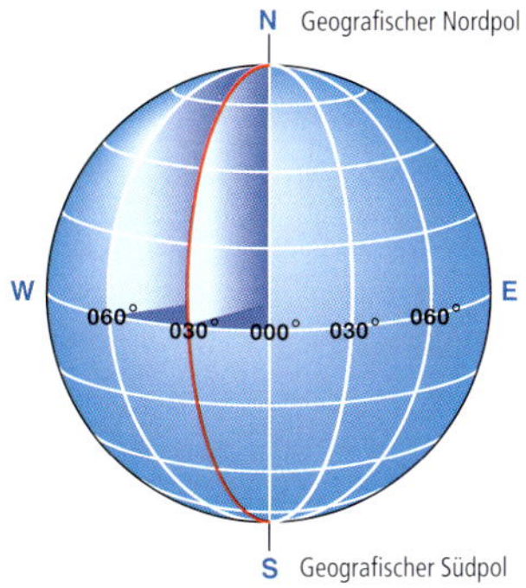

Die Breitengrade

Wenn die Längengrade also die Erde in Segmente teilen, teilen sie die Breitengrade in Scheiben. Ein Breitengrad wird definiert durch seinen Winkel zum Äquator.

Genaue Positionen auf der Erdoberfläche werden also immer durch den Schnittpunkt zweier Linien bestimmt: eines Längengrades und eines Breitengrades.

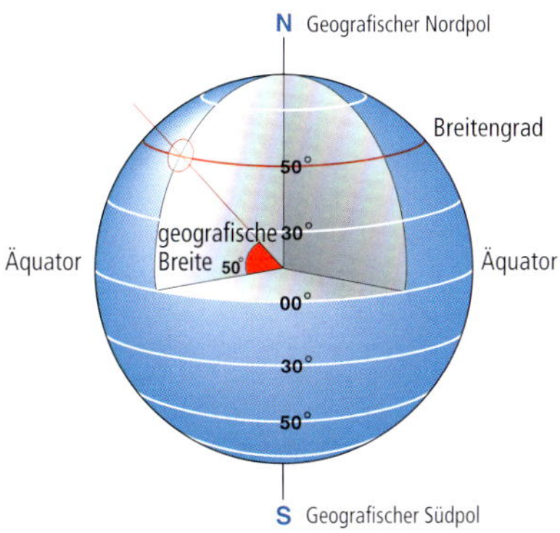

Die geografische Position

Eine geografische Position kann so lauten:
50°00,0′ N 030°00,0′ W

Jeder einzelne Grad wird weiter unterteilt. Wie eine Stunde, so besteht auch jeder Grad aus 60 Minuten. Jede Minute verfügt wiederum über 60 Sekunden, wobei die Sekunden heute üblicherweise als Dezimalstelle angegeben werden. 40′30″ entspricht also 40,5′.

Im gezeigten Beispiel befindet sich ein Fahrzeug auf einer nördlichen Breite von 50° Nord (50° N); ein Breitengrad entspricht dabei einer Distanz von 60 sm. Eine Minute geografischer Breite entspricht also 1 sm (1852 m). In diesem Fall ist das Fahrzeug also 50° x 60 sm = 3000 sm vom Äquator entfernt. Gesprochen lautet die Position: »Fünf-Null Grad Nord, Null-Drei-Null Grad West.«

Natürlich kommt es nur selten vor, dass sich ein Fahrzeug auf so einer »runden« Position befindet. Üblich wäre dagegen eine solche Position: 50°42,5′ N 001°02,5′ W.

Eine Seekarte ist nur an dem Tag aktuell, an dem sie gedruckt wird. Schifffahrtsämter verändern die Position von Tonnen, ziehen welche ein oder legen neue aus. Dem Berichtigungsstempel am unteren Kartenrand können Sie entnehmen, auf welchem Stand eine Karte ist. Mithilfe von Berichtigungshinweisen, die regelmäßig veröffentlicht werden (wie etwa in den »Nachrichten für Seefahrer« vom Bundesamt für Seeschifffahrt und Hydrographie), sollten Sie Ihre Karten auf dem Laufenden halten.

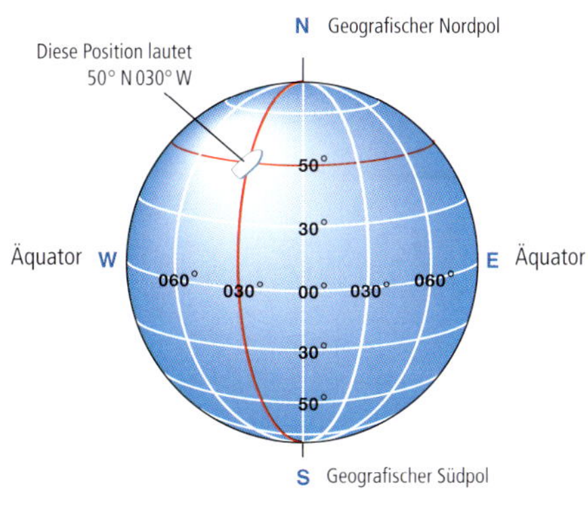

Der Kompass

Mit einem Kompass können Sie einen bestimmten Kurs steuern, Peilungen vornehmen, um Ihre Position zu bestimmen, und die Peilung überwachen, wenn zum Beispiel die Gefahr einer Kollision besteht. Der Kompass ist somit nicht nur wichtiger Bestandteil der Navigationsausrüstung, sondern gleichzeitig unverzichtbar für die Sicherheit an Bord. Für die unterschiedlichen Anwendungsbereiche sind verschiedene Typen auf dem Markt.

Der Magnetkompass ...

... sollte immer so angebracht sein, dass Sie ihn beim Steuern im Blick haben.

... sollte dem Boot angepasst sein.

... besteht aus der Kompassscheibe, die (um die Bootsbewegungen zu dämpfen) in einer Flüssigkeit gelagert ist. An der Scheibe befindet sich ein Magnet.

Der Handpeilkompass ...

... dient zum Anpeilen anderer Objekte für die Positionsbestimmung.

... hilft beim Überprüfen der Peilung zu anderen Fahrzeugen, falls Kollisionsgefahr besteht.

... kann auch benutzt werden, um die Funktion des Steuerkompasses zu überprüfen.

Der Kompass auf GPS und Kartenplotter ...

... wird auf dem Anzeigebildschirm digital dargestellt.

... funktioniert meist nur dann, wenn sich das Boot bewegt.

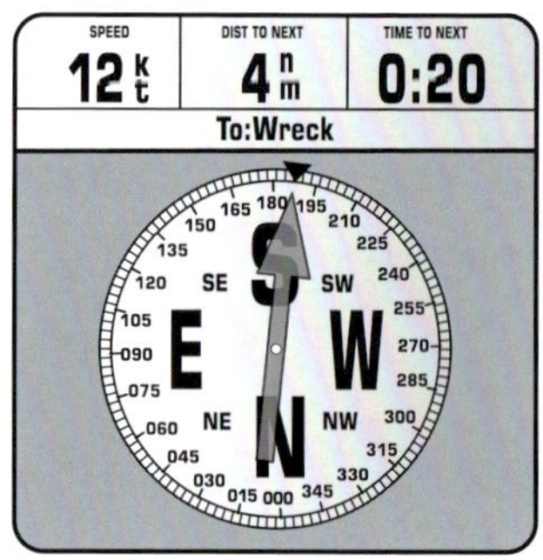

Der Fluxgate-Kompass ...

... ist die elektronische Variante des klassischen Magnetkompasses.

... kann Kursinformationen an andere elektronische Navigationsinstrumente übermitteln, wie etwa an den Autopiloten.

... sollte nicht ohne ausreichende technische Kenntnis betrieben werden. Achten Sie genau auf die Betriebsanweisungen!

In diesem Beispiel beträgt der Kurs des Motorbootes 045°, während das andere Fahrzeug an Steuerbord in 080° und der Felsen an Backbord in 340° gepeilt wird.

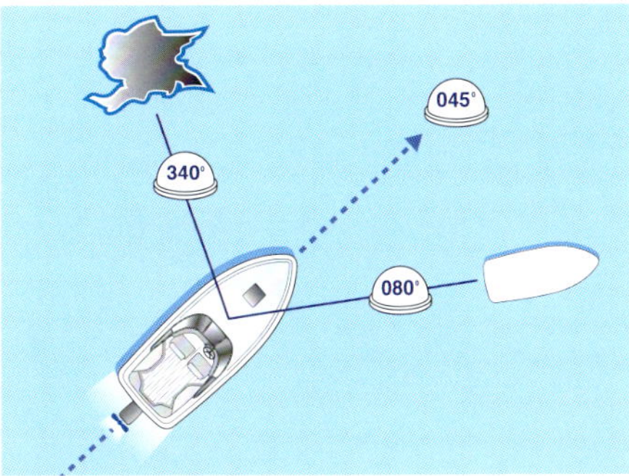

Die Missweisung (Mw)

Kompassrosen orientieren sich immer am Magnetfeld der Erde, das jedoch ungleichmäßig verläuft und mit den Längengraden genauso wenig übereinstimmt wie der magnetische mit dem geografischen Nordpol. Seekarten beziehen sich jedoch auf den geografischen Nordpol. Die daraus resultierende Differenz wird Missweisung (Mw) genannt und muss eingerechnet werden, wenn der rechtweisende Kurs (rwK) von der Karte in einen zu steuernden Magnetkompasskurs (MgK) umgerechnet wird oder der am Kompass abgelesene MgK als rwK in die Karte eingezeichnet werden soll.

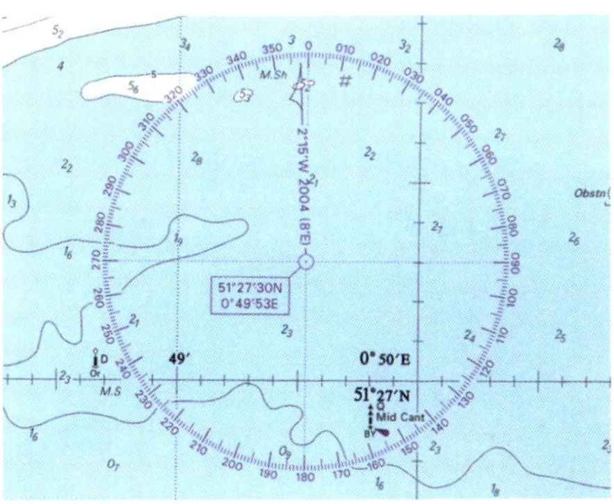

Die Umrechnung

Wird die Kompassnadel nach Osten abgelenkt, rechnet man die Missweisung zum missweisenden Kurs (mwK) hinzu, wird die Nadel nach Westen abgelenkt, wird sie dagegen subtrahiert. Das Ergebnis ist der rechtweisende Kurs (rwK). Zwei Beispiele:

mwK: 045°
Mw + 05° (Missweisung nach Osten)
rwK 050°

mwK: 135°
Mw: – 11° (Missweisung nach Westen)
rwK: 124°

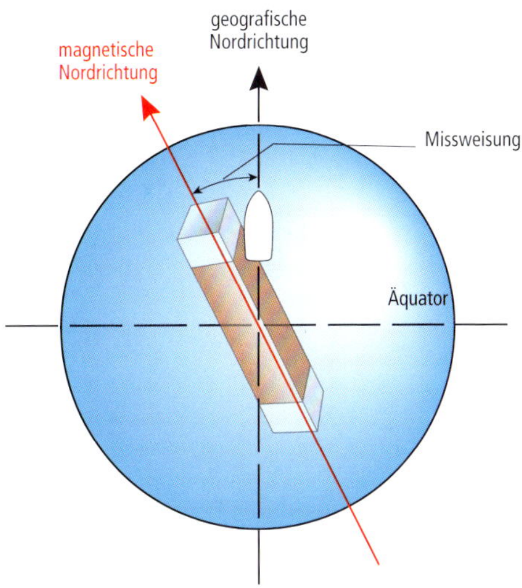

Die Missweisung ist je nach Revier unterschiedlich groß und verändert sich zusätzlich von Jahr zu Jahr. Den aktuellen Missweisungswert finden Sie auf der Seekarte.

Die Ablenkung (Abl)

Eisen, Stahl und Gleichstromleitungen in der Nähe beeinflussen einen Kompass. Um die Einwirkungen störender Bauteile auszugleichen, sollte für jedes Boot eine Ablenkungstabelle (auch: -tafel) erstellt und an Bord aufbewahrt werden. Sie gibt die individuelle Ablenkung für jeden Kurs an. Bewegliche Gegenstände, die Ablenkung erzeugen könnten, müssen Sie dennoch vom Kompass fernhalten.

Meistens wird die Ablenkungstabelle noch durch eine sogenannte Steuertafel ergänzt: Geht aus der ersten die Ablenkung für den entsprechenden MgK hervor, gibt die zweite die Ablenkung für den mwK an. Mit der Steuertafel wird also vom rwK zum MgK gerechnet, mit der Ablenkungstafel vom MgK zum rwK.

Dazu wieder zwei Beispiele:

Am Kompass liegt der MgK 090° an. Die Missweisung beträgt +06°. Wie lautet der rwK?

MgK 090°
Abl + 011°
mwK 101°
Mw + 06°
rwK 107°

Auf der Karte wird der rwK 245° eingetragen. Missweisung: – 05°. Wie lautet der MgK?

MgK 238°
Abl + 02°
mwK 240°
Mw – 05°
rwK 245°

(Im zweiten Beispiel wurde von unten nach oben gerechnet.)

Ablenkungstafel		**Steuertafel**	
MgK (°)	Abl (°)	mwK (°)	Abl (°)
000	– 4	000	– 3
010	– 1	010	– 1
020	+ 2	020	+ 2
030	+ 5	030	+ 4
040	+ 7	040	+ 6
050	+ 9	050	+ 7
060	+10	060	+ 9
070	+11	070	+10
080	+12	080	+11
090	+11	090	+11
100	+10	100	+11
110	+ 9	110	+10
120	+ 8	120	+ 9
130	+ 8	130	+ 8
140	+ 6	140	+ 7
150	+ 5	150	+ 6
160	+ 4	160	+ 4
170	+ 4	170	+ 4
180	+ 6	180	+ 5
190	+ 7	190	+ 6
200	+ 7	200	+ 7
210	+ 6	210	+ 7
220	+ 5	220	+ 6
230	+ 3	230	+ 4
240	+ 2	240	+ 2
250	0	250	0
260	– 3	260	– 4
270	– 5	270	– 6
280	– 7	280	– 9
290	– 9	290	–10
300	–10	300	–11
310	–11	310	–11
320	–11	320	–10
330	–10	330	– 9
340	– 9	340	– 8
350	– 7	350	– 6
360	– 4	360	– 3

Die Gezeiten

Für den Wechsel der Gezeiten auf unseren Ozeanen sind Sonne und Mond die hauptverantwortlichen Kräfte.

Die Springzeit

Befindet sich die Erde in einer Linie mit Sonne und Mond, fällt das Hochwasser höher und das Niedrigwasser geringer als gewöhnlich aus.

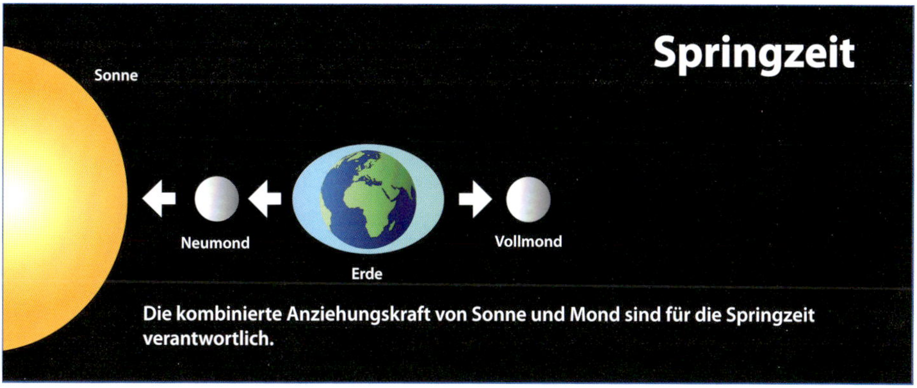

Die Nippzeit

Das Hochwasser fällt geringer und das Niedrigwasser höher als gewöhnlich aus.

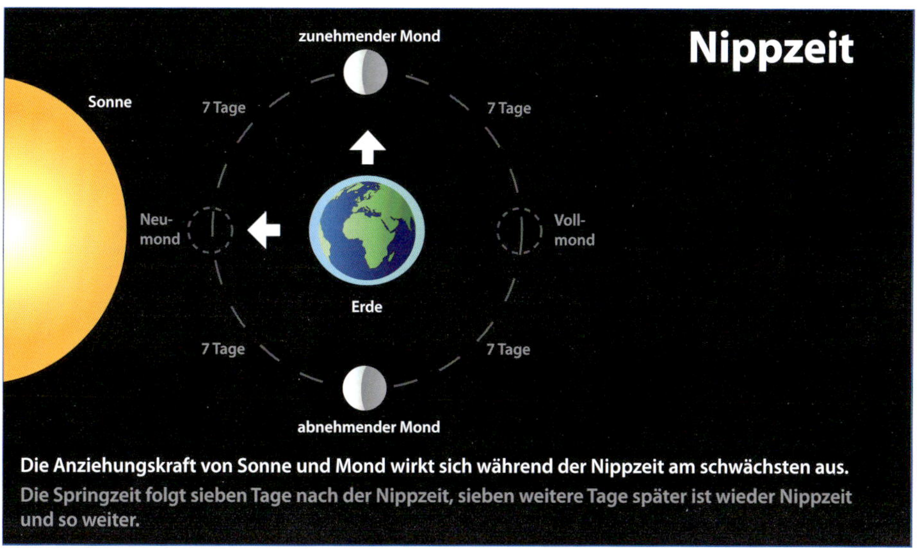

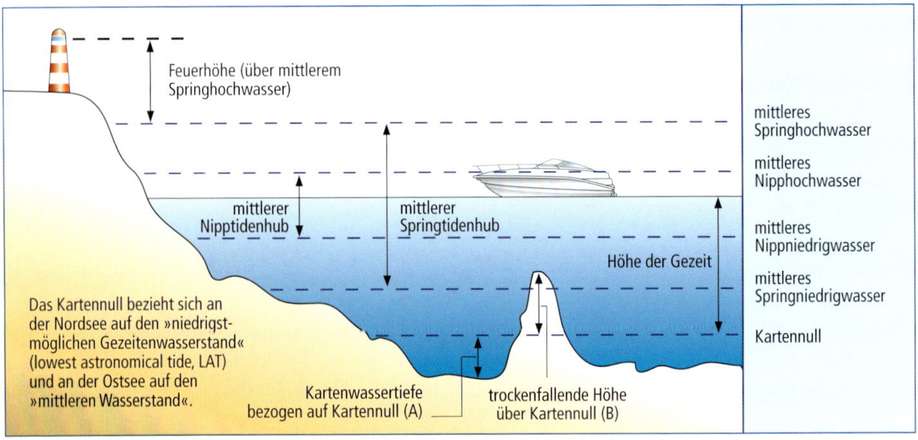

Wenn man den Gezeitenstand zur Kartenwassertiefe hinzurechnet, kann man die Wassertiefe an jedem beliebigen Punkt errechnen.

Wie tief ist das Wasser?

Zwei Beispiele: Bei einer Kartenwassertiefe (A) von 2,4 m und einer Gezeitenhöhe von 0,8 m ergibt sich eine Wassertiefe von 2,4 m + 0,8 m = 3,2 m.

Befinden Sie sich über trockenfallendem Gelände, muss die Rechnung dagegen so aussehen: Bei einer trockenfallenden Höhe (B) von 0,3 m ergibt sich eine Wassertiefe von 0,8 m – 0,3 m = 0,5 m.

An den meisten Orten wechseln sich die Gezeiten in einem ungefähr sechsstündigen Rhythmus ab; pro Tag gibt es also zwei Hoch- und zwei Niedrigwasser. Ausnahmen davon sind jederzeit möglich.

Informationen über die Gezeitenstände bekommen Sie an vielen Stellen:

- *Nautische Handbücher* enthalten eine Fülle von Informationen. In nach Revieren geordneten Tabellen erfahren Sie, wann und wo Niedrig- und Hochwasser eintreten werden und wie hoch die Gezeit sein wird. Mit den Daten lassen sich auch Gezeitenhöhen an benachbarten Orten berechnen.
- *Tidenkalender* bieten in kompakter Form ausschließlich die bereits genannten Gezeiteninformationen. Sie sind für jeweils ein Jahr gültig.
- Im *Internet* werden die Gezeitenhöhen ebenfalls veröffentlicht, beispielsweise auf der Homepage des Bundesamtes für Seeschifffahrt und Hydrographie (www.bsh.de).

Norderney, Riffgat 2005

Breite: 53° 42' N, Länge: 7° 09' E

Zeiten (Stunden und Minuten) und Höhen (Meter) der Hoch- und Niedrigwasser

	Juni						Juli						
Höhe		Zeit	Höhe		Zeit	Höhe		Zeit	Höhe		Zeit	Höhe	
2,7	1	0 18	0,4	16	5 37	2,7	1	0 46	0,5	16	5 35	2,8	1
0,8		6 34	2,7		11 32	0,8		6 59	2,8		11 36	0,8	
2,9	Mi	12 35	0,6	Do	17 48	3,0	Fr	13 05	0,6	Sa	17 50	3,0	Mo
0,7		18 44	3,1					19 17	3,1				
2,6	2	1 31	0,4	17	0 19	0,6	2	1 48	0,6	17	0 16	0,7	2
0,8		7 43	2,7		6 38	2,8		8 00	2,8		6 36	2,8	
2,9	Do	13 50	0,6	Fr	12 40	0,8	Sa	14 14	0,6	**So**	12 47	0,8	Di
		19 55	3,1		18 52	3,0		20 24	3,0		19 01	3,0	
0,7	3	2 38	0,3	18	1 25	0,6	3	2 50	0,6	18	1 28	0,7	3
2,6		8 46	2,8		7 41	2,8		9 00	2,9		7 45	2,9	
0,8	Fr	14 56	0,4	Sa	13 49	0,8	**So**	15 20	0,5	Mo	14 04	0,7	Mi
2,9		20 58	3,1		19 57	3,1		21 26	3,0		20 18	3,0	

Tipp

Bei vielen Tabellen verliert man leicht den Überblick. Wenn Sie die Gezeit selbst berechnen, sollten Sie das Ergebnis immer doppelt überprüfen: Stimmt das Datum? Haben Sie z. B. die Sommerzeit bedacht?

Die Gezeitenströme

Zu wissen, wann und in welche Richtung die Gezeit strömt, kann sehr hilfreich sein. Nur zwei Beispiele: Wenn Sie Ihren Törn so planen, dass Sie mit dem Strom laufen, werden Sie wesentlich schneller am Ziel sein! Außerdem können Sie gefährliche Situationen vermeiden, wie etwa, wenn Wind und Strom gegeneinander stehen und sich eine unangenehme See aufbaut. Informationen zu den Strömungsverhältnissen eines Reviers finden Sie im Stromatlas.

Der Stromatlas

Stromatlanten enthalten Karten, auf denen die Stromrichtung und -stärke in Stundenintervallen in Pfeilform eingetragen sind. Die Richtung des Pfeils entspricht der Stromrichtung an dieser Stelle. Aktuelle Strömungskarten werden ebenfalls auf der Homepage des BSH (www.bsh.de) veröffentlicht.

Der Wasserstand in Binnengewässern

Binnen spielt der Wechsel der Gezeiten natürlich keine Rolle, der Wasserstand aber schon. Je nach Jahreszeit können Flüsse und Kanäle durchaus mehr oder weniger Wasser führen. Sind die Pegel zu hoch oder zu niedrig, um noch eine sichere Schifffahrt garantieren zu können, wird der Verkehr sogar eingestellt. Auch als Sportskipper sollten Sie immer über die aktuellen Pegelstände und Fahrrinnentiefen Bescheid wissen. Die aktuellen Daten für alle deutschen Binnenwasserstraßen finden Sie im Internet auf der amtlichen Informationsseite der Wasser- und Schifffahrtsverwaltung des Bundes (WSV) unter www.elwis.de.

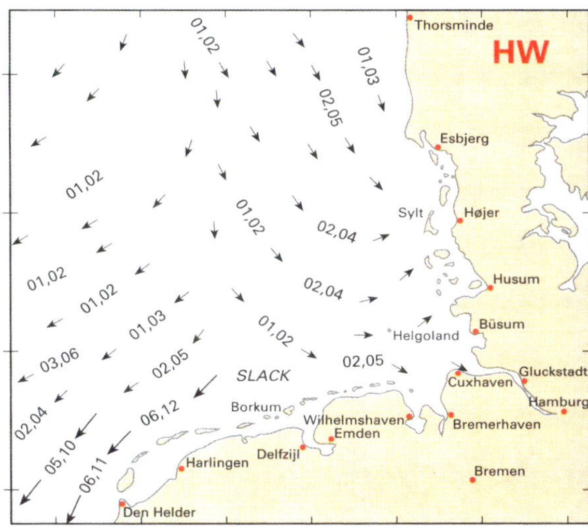

Gezeitenstromkarte für die südliche Nordsee/Deutsche Bucht, bezogen auf HW Dover bzw. 0020 nach HW Helgoland. Aus: Reeds Nautical Almanac 2007.

Kartengrundlagen

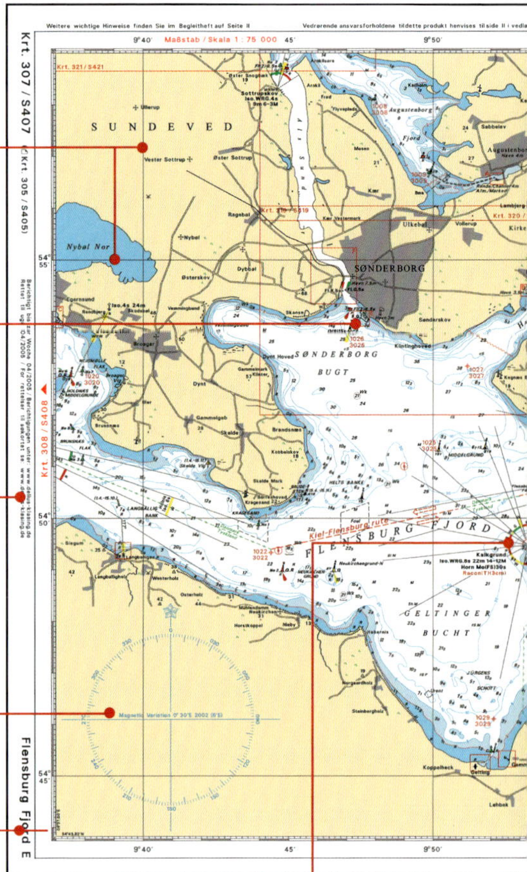

Breiten- und Längengrade

Über jeder Seekarte liegt ein Koordinatennetz zur Positionsbestimmung. Die Breitenkreise verlaufen waagerecht, Längenkreise senkrecht.

Detailpläne

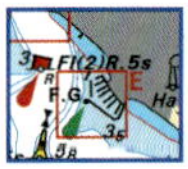

Eingerahmte Gebiete in der Karte werden im Begleitheft oder auf der Karte selbst noch einmal in einem größeren Maßstab dargestellt.

Aktualität

Auf jeder Karte ist die letzte Aktualisierung vermerkt, entweder aufgedruckt oder per Stempel. Es sollten nur aktuelle Karten verwendet werden. Je weiter die letzte Korrektur zurückliegt, desto größere Ungenauigkeiten sind zu erwarten.

Missweisung

Da die Richtung zum magnetischen Nordpol (missweisend Nord) oft stark von der Nord-Süd-Ausrichtung der Längenkreise (rechtweisend Nord) abweicht und sich ständig verändert, kommt es zu einem Fehlerwinkel, der Missweisung genannt wird.

Kartenname und -gebiet

Am Kartenrand steht der Name des abgedeckten Seegebiets sowie die Kartennummer, die sich auch in der Übersichtskarte wiederfindet. So kann aus dem Kartensatz schnell die richtige Detailkarte ausgesucht werden.

Leuchtfeuer

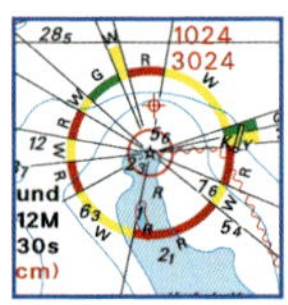

Die Kennungen von Leuchtfeuern, also die Erklärung, in welcher Farbe und in welchem Takt sie Lichtsignale aussenden, sind in allen aktuellen Karten in englischer Sprache abgekürzt dargestellt. Eine Übersicht der Abkürzungen und eine Übersetzung sollten griffbereit am Navi-Platz liegen.

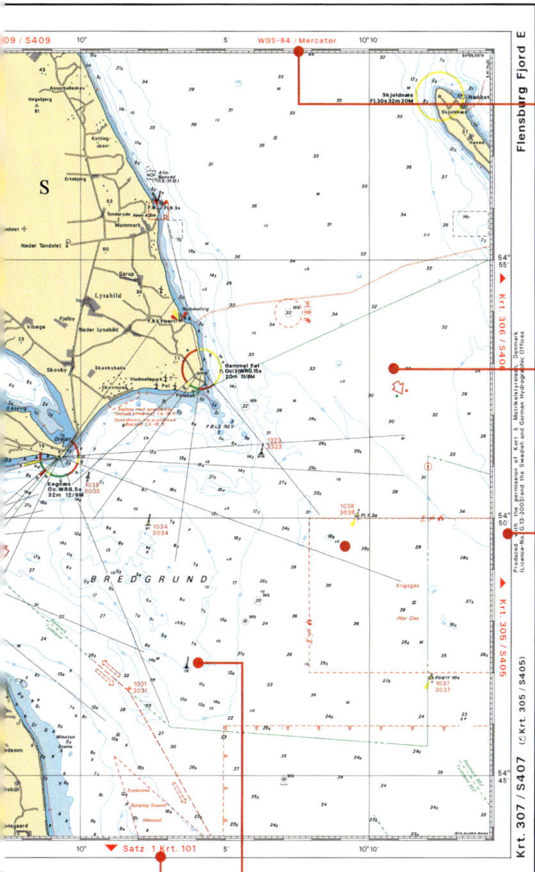

Kartendatum

Am meisten verbreitet ist das World Geodatic System (WGS) 84. Bei anderen Daten muss das GPS-Gerät neu justiert werden.

Projektion

Fast alle Karten werden nach der Mercatorprojektion (Länge und Breite im rechten Winkel) erstellt.

Betonnungssystem

Dieses Symbol gibt an, in welcher Weise die Fahrwassertonnen ausgelegt sind, ob also die roten an Backbord oder Steuerbord liegen. Hier befinden sie sich an Backbord.

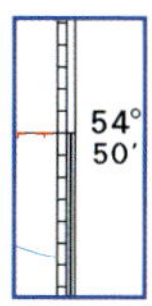

Koordinaten

Seekarten werden in Grad und Minuten bemaßt. Der Abstand zwischen zwei Graden beträgt 60 Minuten, eine Minute wird in Zehntelminuten unterteilt.

Betonnung

Gebiete mit besonderer Bedeutung und Fahrwasser sind oft betonnt. Die Bedeutung der Tonnen ist im Begleitheft oder der Karte INT 1 erklärt.

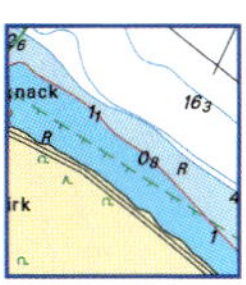

Tiefenlinien und -angaben

Benachbarte Punkte mit gleicher Tiefe sind durch Linien verbunden. Diese können bei der Navigation mit einem Lot hilfreich sein. Generell lässt sich an den Einzelangaben kontrollieren, ob der Kurs durch hinreichend tiefe Gebiete führt (Angaben in Metern).

Anschlusskarte

Diese Angabe zeigt, welche Karte sich am jeweiligen Rand der vorliegenden Karte anschließt.

Grundlagen der Navigation

Um mit dem Boot sicher von Punkt A nach Punkt B zu kommen, benötigt man neben dem Wissen über Kompasse, Gezeiten und Seekarten natürlich noch die praktischen Grundlagen für das Navigieren mit der Karte. Das sind im Einzelnen:

Die Positionsbestimmung

Am schnellsten erhalten Sie Ihre Position mit einem Blick auf die GPS-Anzeige. Aber auch ohne Elektronik müssen Sie sich zu helfen wissen! Am besten geht das mit dem Handpeilkompass und einer Kreuzpeilung:

Die Kreuzpeilung

1 Suchen Sie sich zwei oder mehr deutlich erkennbare Landmarken, die auch auf der Karte zu identifizieren und zwischen 50° und 100° voneinander getrennt sind.
2 Peilen Sie die Landmarken mit dem Handpeilkompass an und notieren Sie die Werte.
3 Danach müssen Sie die Magnetkompasspeilungen (MgP) in rechtweisende Peilungen (rwP) umrechnen. Sie erhalten die Standlinien.

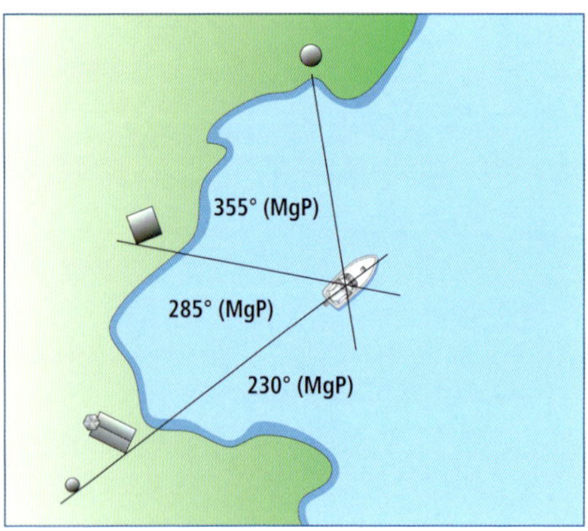

4 Nun tragen Sie die Standlinien in die Karte ein. Der Schnittpunkt bezeichnet Ihre Position, die Sie mit Zeitangabe ins Logbuch übernehmen können.

Die Kartensymbole

Gründliche Kartenarbeit erleichtert die Navigation. Einheitliche Symbole machen die zurückgelegte Strecke, alle Kursänderungen und Positionsbestimmungen leicht nachvollziehbar.

 beobachteter Ort (nach Positionsbestimmung)

 angenommener Ort

 Koppelort

 Wegpunkt (WP)

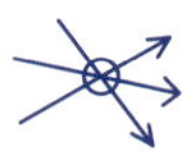 beobachteter Ort (nach Kreuzpeilung)

 beobachteter Ort (nach Entfernungsbestimmung)

 Kurs durchs Wasser (KdW)

 Kurs über Grund (KüG)

 Versetzung durch Wind und Strom

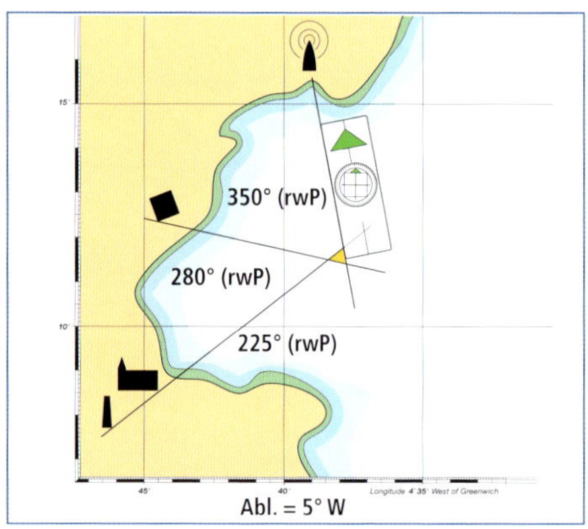

Die Entfernungsbestimmung

Spannen Sie den Zirkel von einem Wegpunkt zum nächsten. Legen Sie nun den Zirkel an der Breitengradeinteilung am seitlichen Rand der Karte auf Höhe Ihrer Position an und lesen die Distanz ab. Ein Grad geografischer Breite entspricht dabei 1 sm. Benutzen Sie niemals die Längengradeinteilung (oberer und unterer Rand der Karte) für die Entfernungsbestimmung!

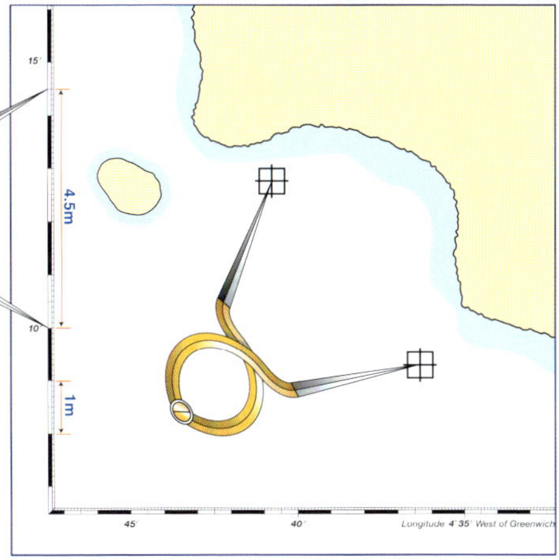

Einzeichnen der Position

Um Ihre Position auf der Karte einzutragen, zeichnen Sie zunächst eine Linie auf der genauen geografischen Breite ein. Dabei ziehen Sie die Linie aber nicht ganz durch, sondern markieren nur dort, wo Sie den Schnittpunkt mit der geografischen Länge der Position erwarten. Zeichnen Sie nun die Länge ebenfalls als kurze Linie ein. Der Schnittpunkt bezeichnet Ihre Position.

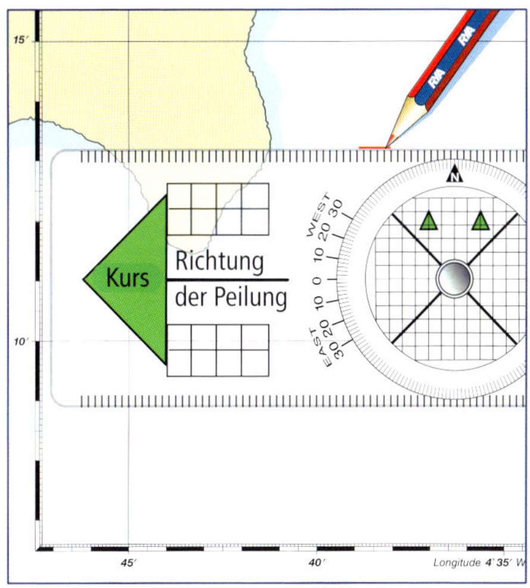

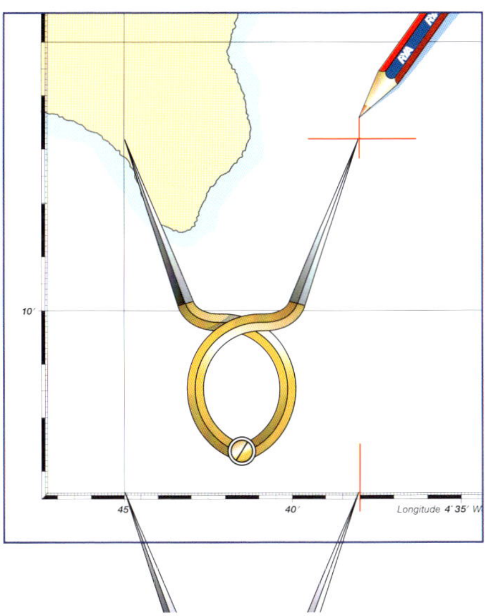

Tipp

Zum Einzeichnen der Position können Zirkel, Plotterlineal oder Kurs- und Anlegedreieck verwenden.

Die Positionsbestimmung mit Tiefenlinien

Tiefenlinien können sowohl bei der Positionsbestimmung als auch bei der Navigation helfen, indem man an ihnen entlangfährt. Nehmen Sie eine Landpeilung und schauen Sie auf das Echolot. Der Schnittpunkt der Standlinie mit der entsprechenden Tiefenlinie bezeichnet Ihre Position. Dabei müssen Sie jedoch berücksichtigen, dass Sie von dem geloteten Wert eventuell die Höhe der Gezeit abziehen müssen, um auf die entsprechende Kartenwassertiefe zu kommen.

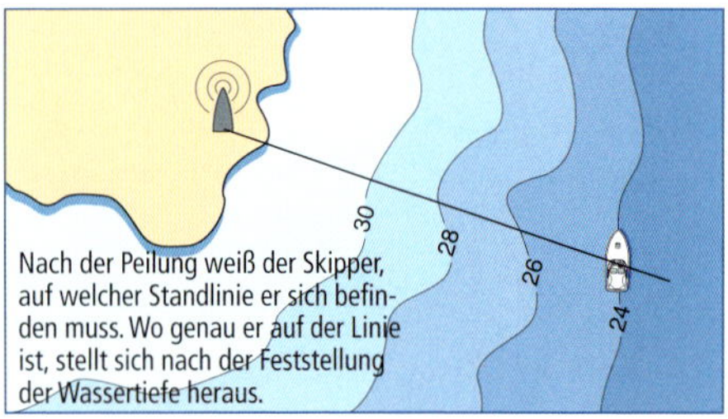

Nach der Peilung weiß der Skipper, auf welcher Standlinie er sich befinden muss. Wo genau er auf der Linie ist, stellt sich nach der Feststellung der Wassertiefe heraus.

Das Boot tastet sich bei schlechter Sicht im Zickzack-Kurs an der Tiefenlinie entlang in den Hafen.

Koppelort und angenommener Ort

Man kann seine Position auch ohne Peilungen mehr oder weniger genau bestimmen. Man ermittelt dann den Koppelort oder den angenommenen Ort. Ein Beispiel:

Ein Boot soll mit 15 kn auf einem rechtweisenden Kurs von 080° laufen. Zeichnen Sie die Kurslinie ein, die das Boot über Grund zurücklegen soll. Der Punkt, den das Boot nach einer bestimmten Zeit erreicht hat – nach einer Stunde etwa 15 sm vom Ausgangspunkt entfernt –,

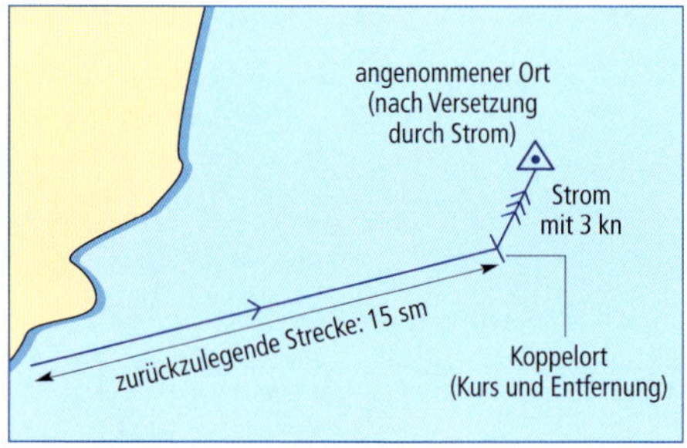

ist der Koppelort. Besonders genau ist diese Positionsbestimmung nicht, da die Versetzung durch Strom (und Wind) nicht berücksichtigt wird. Wenn Sie nun zusätzlich eine Stromlinie mit Richtung und Stärke einzeichnen, erhalten Sie eine sehr viel genauere Position: den angenommenen Ort.

Die Abdrift

Wenn ein Boot durch den Wind nach Lee versetzt wird, spricht man von Abdrift. Dieser Effekt wirkt sich auf schnell fahrende Motorboote weit geringer aus als auf Boote, die langsam unterwegs sind, oder auf Segelyachten; viel Windwiderstand (wie etwa durch ein hohes Freibord oder große Aufbauten) sorgt aber dennoch für eine Versetzung. Kommt der Wind von querab, müssen Sie entsprechend vorhalten, das heißt 5–10° oder auch mehr, je nach Windstärke.

Kommt der Wind von querab, muss das Boot die Versetzung ausgleichen, indem es vorhält und leicht zum Wind hin steuert.

Der Kurs durchs Wasser (KdW)

In einigen Revieren können Sie einfach einen Kurs auf der Karte absetzen und nach dem entsprechenden Magnetkompasskurs steuern. Wenn es Strom zu berücksichtigen gibt, sieht die Sache schon ganz anders aus. Wenn Sie direkt auf den Zielpunkt zuhalten, wird der Strom Sie abtreiben. Um das zu verhindern, müssen Sie diese Versetzung (auch Beschickung genannt) schon vorher in Ihrem Kurs berücksichtigen. Ein Beispiel:

1 Ziehen Sie eine Kurslinie durch die beiden Punkte A und B. Dies ist nun Ihr gewünschter Kurs über Grund (KüG).
2 Nun zeichnen Sie von A ausgehend den Vektor der Stromlinie ein. In diesem Fall setzt der Strom in Richtung 170° mit einer Stärke von 1,3 kn. Die Länge der Linie beträgt 1,3 sm (Bezugszeit: eine Stunde).
3 Nun schlagen Sie vom Ende der Stromlinie mit dem Zirkel einen Kreis. Der Radius entspricht der Distanz, die Ihr Boot in einer Stunde zurücklegt. Bei einer Geschwindigkeit von beispielsweise 5 kn wären das also 5 sm.
4 Der Kreis schneidet die Kurslinie von A nach B in einem Punkt C. Verbinden Sie C mit dem Ende der Stromlinie, und Sie erhalten den Kurs durchs Wasser (KdW).
5 Der KdW entspricht dem Kurs, den Sie steuern müssen, um auf der Linie von A nach B zu bleiben.
6 Bevor Sie den Kurs anlegen, müssen Sie ihn natürlich wieder in einen Magnetkompasskurs (MgK) umwandeln!
7 Für die Strecke von A nach C würde das Boot nun eine Stunde benötigen. Die daraus resultierende Geschwindigkeit wird als Fahrt über Grund (FüG) bezeichnet.

In diesem Beispiel passt der Vektor der Stromlinie gut auf die Karte. Man kann aber auch statt einer Stunde eine Bezugszeit von 30 Minuten wählen. Der Vektor ist dann 0,65 sm lang, der Radius des Distanzkreises 2,5 sm groß.

Tipp

Wenn Sie sich auf einen längeren Törn in einem Gezeitenrevier begeben, werden Stromstärke und -richtung häufig wechseln. Hier können Sie schon vorher eine Reihe von KdWs vorbereiten.

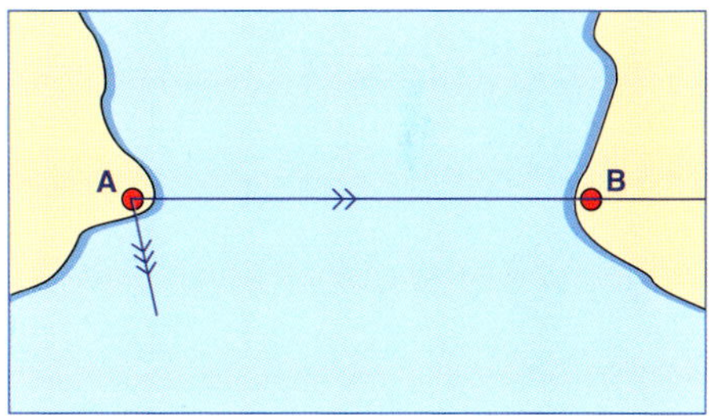

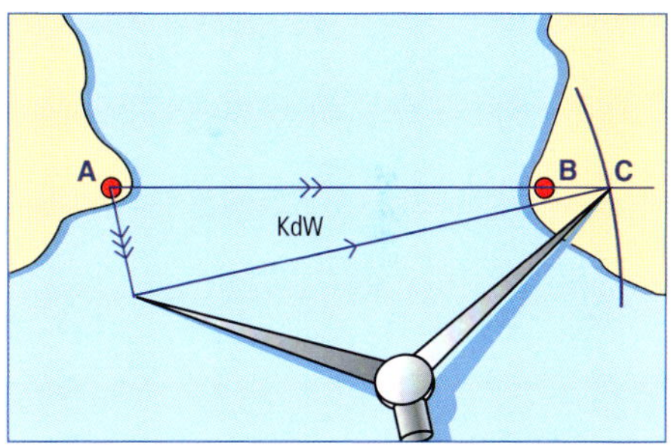

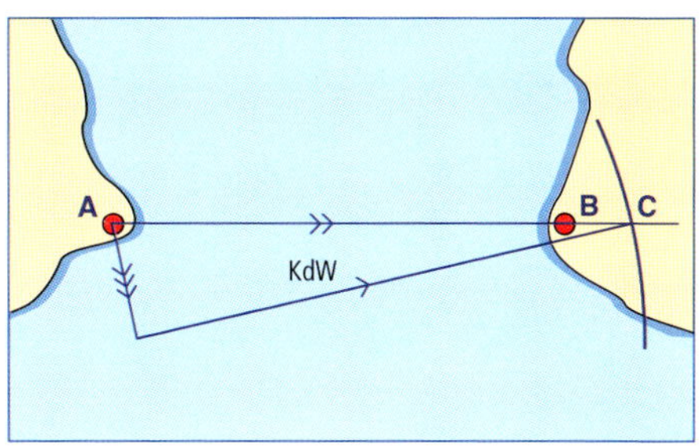

Elektronische Navigation

Das Global Positioning System (GPS)

Für viele Skipper ist das GPS inzwischen zur wichtigsten Navigationshilfe geworden. Ersetzen soll und kann es die klassische Navigation mit Kompass und Karte allerdings nicht; es kann sie lediglich ergänzen.

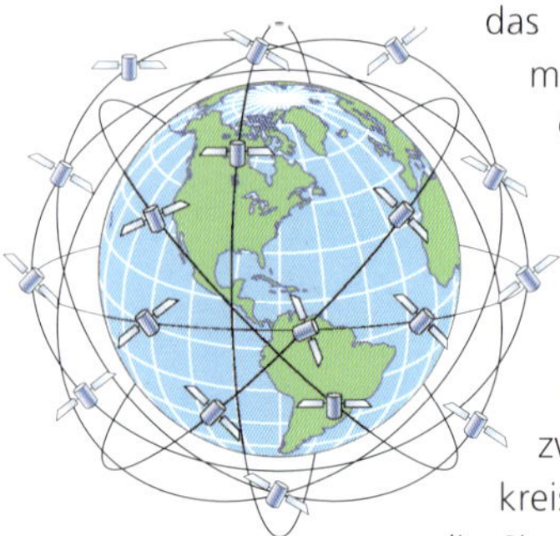

Das GPS ist ein amerikanisches satellitengestütztes Navigationssystem, das Positionsbestimmungen mit einer Genauigkeit von 10 bis 15 m erlaubt. Es besteht aus 24 bis 30 Satelliten, die die Erde in jeweils zwölf Stunden umkreisen. Dabei sind die Signale von mindestens vier Satelliten nötig, um die Position bestimmen zu können. Die Darstellung der Daten erfolgt entweder in Koordinatenform mit Längen- und Breitenangabe oder grafisch auf dem Bildschirm eines Kartenplotters oder Bordcomputers. Da das GPS immer genau weiß, wo Sie sind und wo Sie waren, kennt es auch die Fahrt über Grund (FüG) und den Kurs über Grund (KüG).

Der Wegpunkt (WP)

Ein Wegpunkt ist ein fester Punkt auf der beabsichtigten Kurslinie und wird mit seinen Koordinaten nach Länge und Breite in das Gerät eingegeben und gespeichert. Der GPS-Empfänger ermittelt dann die Entfernung und die Peilung zum Wegpunkt und gibt einen Kurs vor. Sobald sich das Boot auf den Wegpunkt zubewegt, berechnet das GPS die Ankunftszeit (estimated time of arrival, ETA) und überwacht, ob die Kurslinie eingehalten oder verlassen wird. Aber vergessen Sie nicht, dass das GPS nur ein Computer ist! Es wird immer den kürzesten Weg von A nach B berechnen – also gegebenenfalls auch über Land. Um das zu vermeiden, sollten Sie eine Route von mehreren Wegpunkten aufstellen, die nacheinander angesteuert werden.

Der richtige Gebrauch

- Setzen Sie den Kurs zunächst auf der Karte ab; Sie haben dann eine Kontrolle für die Angaben des GPS.
- Prüfen Sie für jeden Wegpunkt zweimal, ob die Koordinaten korrekt eingegeben wurden.
- Die Kurse zwischen den Wegpunkten dürfen nicht über Land oder Untiefen führen!
- Finden Sie heraus, welches Kartendatum für Ihre Karte gilt, und wählen Sie es anschließend im Setup-Menü Ihres GPS-Empfängers aus (meist WGS 84). Die Unterschiede können sonst bis zu 200 m betragen!
- Tragen Sie Ihre GPS-Positionen regelmäßig auf der Karte oder im Logbuch ein. Falls das GPS einmal ausfällt, steht Ihnen so immer noch die letzte notierte Position bei der weiteren Navigation zur Verfügung.

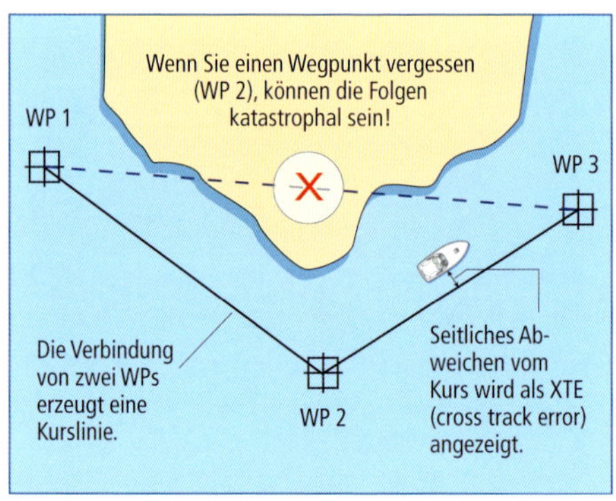

Von Wegpunkt zu Wegpunkt

Die meisten GPS-Handempfänger verfügen nur über ein relativ kleines Display. Die Darstellung kann meist jedoch gewechselt werden. Die Kurslinie wird dann entweder ähnlich einer ablaufenden Straße dargestellt, von der man auf beiden Seiten abkommen kann, oder durch eine sich drehende Kompassnadel, die immer in Richtung des nächsten Wegpunktes zeigt.

Die seitliche Abweichung (XTE) und die Wegpunktleiter

Die Hauptproblem bei der seitlichen Abweichung vom Kurs sind die möglichen Gefahren, die rechts und links des Weges lauern können. Diese Abweichung wird wie bereits erwähnt »cross track error« (XTE) genannt. Sie können Ihr GPS so programmieren, dass es Sie alarmiert, wenn der XTE zu groß wird.

Um zu wissen, wie groß der XTE maximal sein darf, können Sie auf der Karte eine Wegpunktleiter einzeichnen. Auf der Kurslinie zwischen den beiden WPs zeichnen Sie in Intervallen von 0,5 oder 1 sm die »Sprossen« der Leiter ein. Wenn Sie nun den Wegpunkt ansteuern, können Sie auf dem GPS den XTE und die Entfernung zum Ziel (distance to waypoint, DTW) ablesen und sehen mit einem Blick auf die Karte, wie weit Sie noch im sicheren Bereich sind.

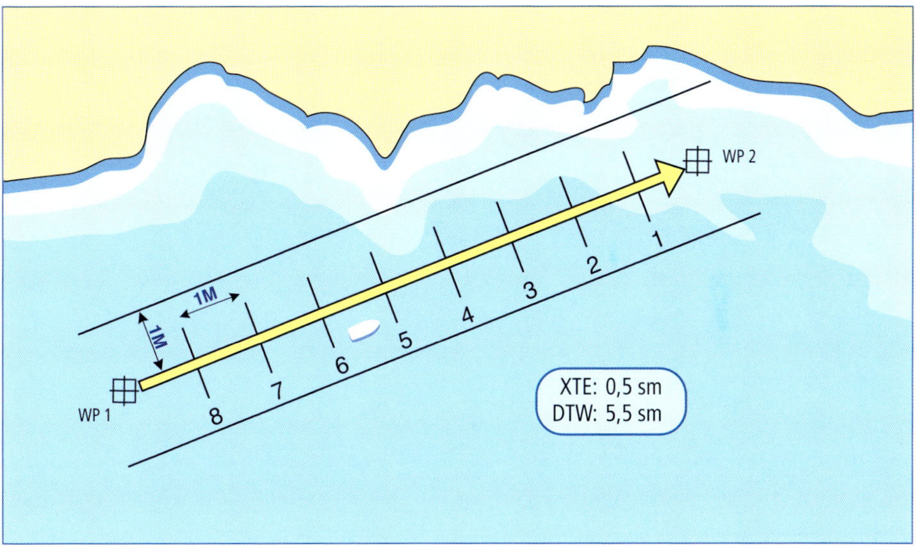

Tipp

Das Einzeichnen einer Position nach Länge und Breite ist mühsam auf einem schnell fahrenden Motorboot. Am einfachsten können Sie Ihre Position markieren, indem Sie die verbleibende Entfernung zum nächsten Wegpunkt auf der eingezeichneten Kurslinie abtragen.

Das Wegpunktnetz

Sollten Sie bei Nacht oder schlechter Sicht unterwegs sein oder schweres Wetter erwarten, können Sie ein Wegpunktnetz vorbereiten. Zeichnen Sie dazu vom Wegpunkt der Hafenansteuerung (WP 1) strahlenförmig ausgehende Linien mit den entsprechenden Kursbezeichnungen. Danach schlagen Sie Kreise mit um jeweils 1 sm wachsendem Radius um WP 1. Wenn Sie sich dem Wegpunkt dann nähern, brauchen Sie nur den Kurs zum Wegpunkt (bearing to waypoint, BTW) und die Entfernung (DTW) abzulesen und kennen mit einem Blick auf das Wegpunktnetz Ihren Standort.

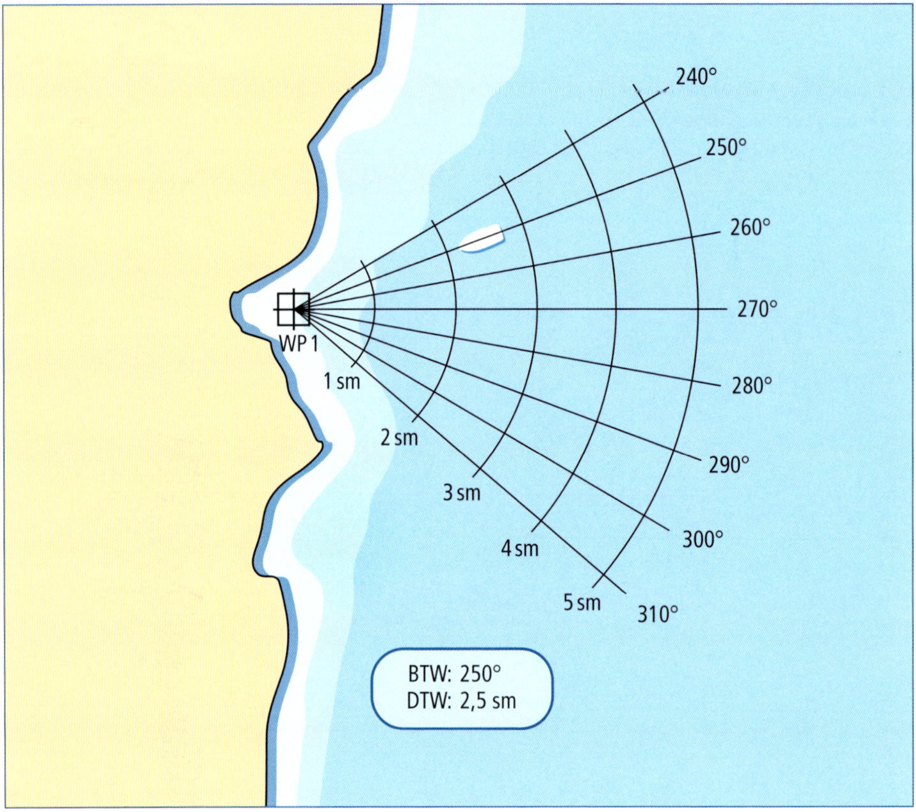

Die Kompassrose als Wegpunkt

In ähnlicher Form können Sie auch die auf der Karte aufgedruckte Kompassrose als Hilfe beim Plotten Ihrer Position benutzen. Geben Sie den genauen Mittelpunkt der Rose als Wegpunkt ein und drücken Sie dann »goto WP«. Das GPS wird Ihnen nun Kurs und Entfernung angeben, und Sie müssen nur noch die Kurslinie einzeichnen und dann darauf die Entfernung abtragen. Aber achten Sie darauf, dass das GPS Ihnen auch den rechtweisenden Kurs (rwK) nennt!

Der Kartenplotter

Der Kartenplotter kombiniert die Eigenschaften eines GPS-Empfängers mit der Darstellung einer elektronischen Seekarte – entweder in Farbe oder monochrom in Schwarzweiß. So wird nicht nur die Position Ihres Bootes grafisch anschaulich dargestellt, sondern ebenfalls Wegpunkte und ganze Routen. Die Wegpunkte können dabei mit Cursortasten bequem auf dem Bildschirm platziert und müssen nicht erst umständlich (und für Zahlendreher anfällig) Ziffer für Ziffer eingegeben werden. Die Daten des Kartensatzes befinden sich normalerweise auf einer kompakten Speicherkarte, die in den Plotter gesteckt wird.

Vorteile

- Mit der grafischen Darstellung haben Sie Ihre Position und weitere Informationen ständig im Blick.
- Wegpunkte und Route können leicht geplant, eingegeben und auf navigatorische Hindernisse überprüft werden.
- Die Karte verfügt über eine Zoomfunktion, mit der der gewünschte Ausschnitt beliebig vergrößert oder verkleinert werden kann. Je nach Vergrößerung sind mehr oder weniger Details wie Tonnen oder Tiefenangaben abgebildet.
- Eine einzelne kleine Karte bietet genug Speicher für einen ganzen Kartensatz.
- Bringen Sie einen Radarreflektor an.

Nachteile

- Elektronik kann ausfallen. Sie müssen deshalb trotz Plotter immer auch Papierkarten mit an Bord haben.
- Je größer das Display, desto größer ist auch der Kartenausschnitt in der gewünschten Zoomstufe. Leider steigt mit der Bildschirmgröße auch der Preis!

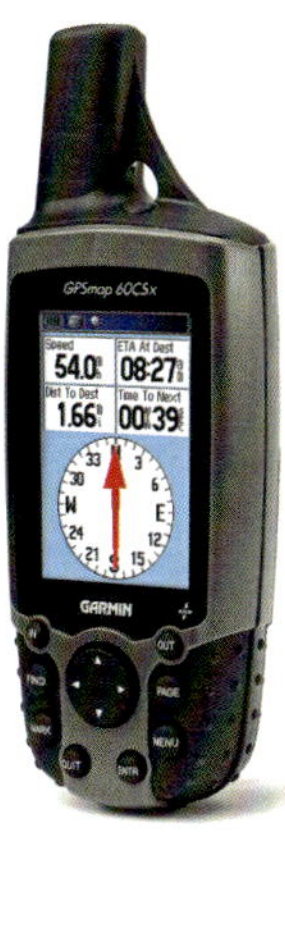

Das Radar

Ein Radargerät strahlt Impulse von elektromagnetischen Wellen aus, die von soliden Objekten wie Felsen oder Schiffen reflektiert und dann vom Radar als sogenanntes Echo wieder aufgefangen werden. Dabei hängen Größe und Stärke des Echos natürlich ganz vom reflektierten Objekt ab: Ein Supertanker wird auf dem Radarschirm wesentlich leichter zu erkennen sein als ein Segelboot aus Holz.

Um kleinere Fahrzeuge für das Radar besser sichtbar zu machen, sollte ein Radarreflektor angebracht werden – beispielsweise auf der Flybridge. Er verstärkt das reflektierte Signal und sorgt für ein deutlicheres Echo.

Auch auf Sportbooten werden Radargeräte immer beliebter. Dabei ist die Kombination von Radar und Kartenplotter besonders attraktiv. Durch Overlay-Technik kann das Radarbild einfach über das digitale Kartenbild gelegt werden, eine getrennte Darstellung ist aber ebenso möglich. Besonders bei Nacht und eingeschränkter Sicht ist dieses System eine große Erleichterung bei der Navigation. Folgende Punkte sollten Sie bei allen Vorteilen jedoch nicht vergessen:

- Das Radargerät ist durch die vergleichsweise abstrakte Darstellungsweise nicht so leicht verständlich wie ein Kartenplotter oder ein GPS-Gerät. Um sich für den Gebrauch fit zu machen, werden deshalb auch Übungskurse angeboten.
- Um das Bild auf dem Radarschirm richtig deuten zu können, benötigen Sie ein gutes Maß an Erfahrung. Sie sollten deshalb auch bei Konditionen üben, die eigentlich keinen Radareinsatz erforderlich machen, wie etwa bei guter Sicht und Tageslicht.
- Das Radar kann das Bild entweder als »north-up«, »course-up« oder »head-up« darstellen. Stellen Sie sicher, dass Sie wirklich genau wissen, wie das Gerät eingestellt ist. Der abgebildete Radarschirm und die Seekarte zeigen den gleichen Ausschnitt, das Radar stellt es jedoch »course-up« dar, also in Kursrichtung, während die Karte eingenordet ist und die Darstellung »north-up«.

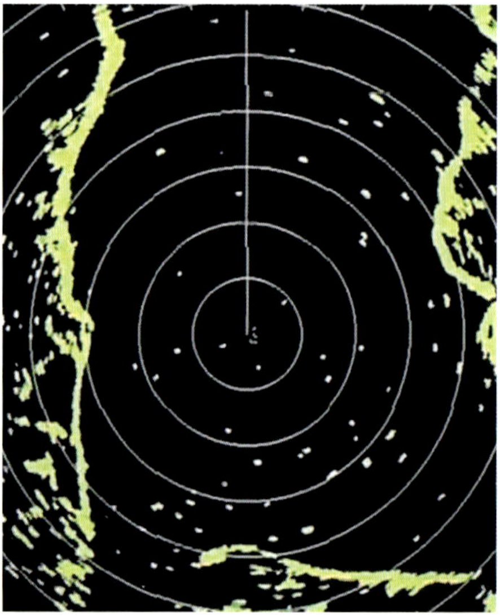

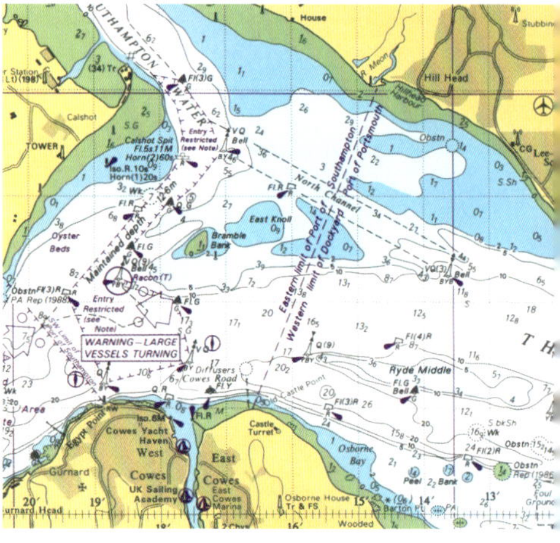

Die Törnplanung

Die Törnplanung gliedert sich besonders bei Fahrten im Küstengebiet oder auf offener See in zwei Abschnitte: Route und Ansteuerung. *Routenplanung:* In diesen Bereich fallen alle Vorbereitungen zur sicheren Navigation zwischen Ausgangshafen und Zielansteuerung, also die Berechnung von Kursen und Fahrtzeiten auf See oder die Suche von Ausweichhäfen. *Ansteuerung:* Sobald Sie die Ansteuerung des Zielhafens erreicht haben, müssen Ihre Informationen genauer werden. Am besten funktioniert die Vorbereitung mit einer Skizze, in die Sie wichtige Seezeichen, Landmarken, Kurslinien, Fahrwasser bis zur Hafeneinfahrt eintragen.

Was Sie sich notieren müssen, wird natürlich auch vom Revier abhängen, das Sie sich ausgesucht haben. Folgende Faktoren sind wichtig:

Das Wetter

- Wie ist die Wettersituation, und was sagt die Vorhersage für die Dauer des Törns?
- Kann sich das Wetter auf die Fahrt auswirken (z. B., wenn der Wind gegen den Strom steht)?
- Wie kommen Sie unterwegs an aktuelle Wetterinformationen?

Die Route

- Haben Sie aktuelles Kartenmaterial an Bord, das das gesamte Fahrtgebiet abdeckt und Informationen über die Häfen enthält?
- Haben Sie die Route geplottet und Kurse, Wegpunkte und Entfernungen eingetragen? Haben Sie sich über Wassertiefen, Sperrgebiete und Verkehrsvorschriften informiert?

Die Gezeiten

- Ist die Wassertiefe zur Zeit der Passage an allen kritischen Punkten ausreichend?
- Wie muss die Route verlaufen, und wann müssen Sie wo sein, um den Tidenstrom nutzen zu können und nicht gegenan fahren zu müssen?

Die Ansteuerung

- Haben Sie Ihre Ansteuerungsskizze angefertigt und alle wichtigen Informationen darauf vermerkt?

Für die richtige Törnplanung gibt es kein Patentrezept. Es liegt immer an Ihnen, wie Sie die Situation einschätzen. Ob Sie eine ausführliche Skizze brauchen und was Sie in sie einzeichnen, hängt z.B. davon ab, wie lang die Passage ist und wie gut Sie das Revier kennen. Für Kurzstrecken in bekannten Revieren ist dies nicht unbedingt nötig. Ist die Strecke länger, sollten Sie nicht darauf verzichten. Als Gedächtnisstütze ist sie stets hilfreich, besonders wenn mal eine kritische Situation eintreten sollte und Sie schnell vom bekannten Kurs abweichen müssen.

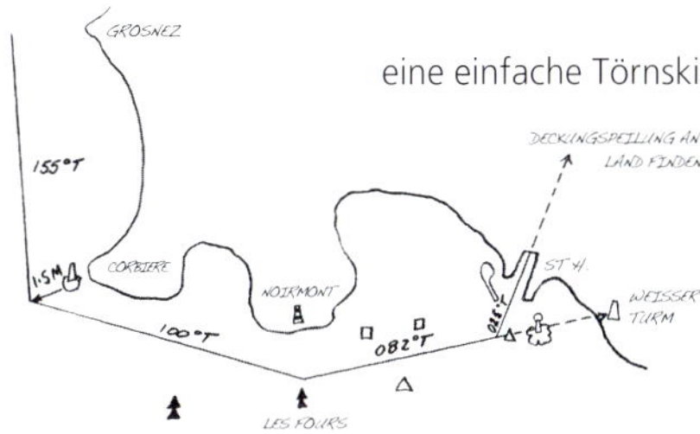

eine einfache Törnskizze

Tipp

Wenn Sie sich auf einen längeren Törn begeben und das Revier noch nicht gut kennen, ist es sinnvoll, jemanden über Ihre geplante Route und Ankunftszeit zu informieren. Sollte etwas passieren, wird man Sie wesentlich schneller finden können.

Wetter

Das Wetter spielt eine große Rolle, wenn Sie entscheiden müssen, ob Sie entspannt auslaufen können oder doch lieber im sicheren Hafen bleiben sollten. Entsprechend wichtig ist es, über solide Kenntnisse zur Beurteilung der Wettersituation zu verfügen. Übung macht auch hier den Meister. Mit der Zeit werden Sie aber in der Lage sein, Wetterinformationen zu sammeln und für Ihre Zwecke zu interpretieren.

Ursachen der Wetterbildung

Die Wettersysteme, die auch unsere Wetterlage beeinflussen, entstehen durch die Bewegung von Luftmassen, die von der Erdoberfläche erwärmt werden. Warme Luft steigt über dem Äquator auf, kühlere Luft strömt nach und der Vorgang wiederholt sich. Die ungleichmäßige Verteilung von Landmassen und Ozeanen sorgt zusätzlich für ein Muster von wärmeren und kühleren Zonen, über denen sich Gürtel von Hoch- und Tiefdruckgebieten wie Korridore um den Planeten ziehen. Durch die Drehung der Erde werden diese Hochs und Tiefs in Drehbewegung versetzt; sie kollidieren, vermischen sich und bilden so großräumige Wettersysteme.

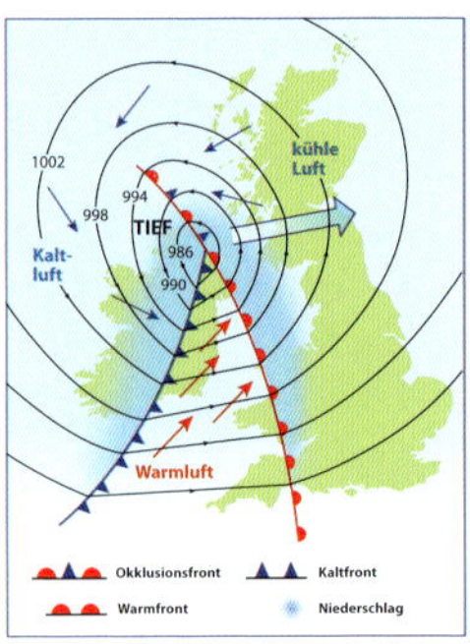

Tiefdruckgebiet oder »Tief«

- Wechselhaftes Wetter
- Regen, oft in großen Mengen
- Starke Winde, die zum Kern des Tiefs wehen, auf der Nordhalbkugel gegen den Uhrzeigersinn drehend
- generelle Zugrichtung von West nach Ost
- dicht beieinander liegende Isobaren

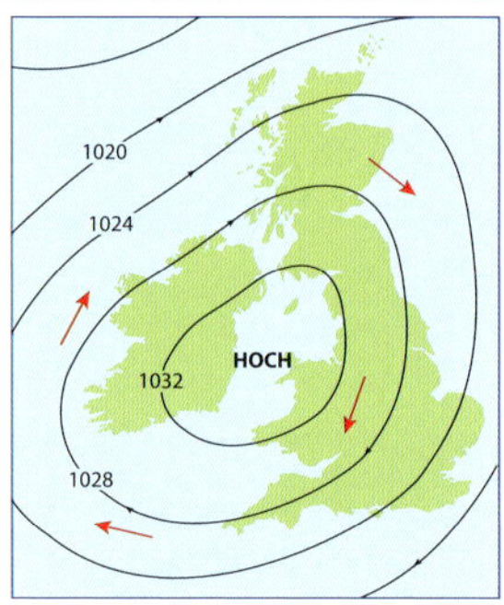

Hochdruckgebiet oder »Hoch«

- Anhaltend gutes Wetter
- Klarer Himmel
- Leichte Winde, die vom Kern des Hochs wegwehen, auf der Nordhalbkugel im Uhrzeigersinn drehend
- Weit auseinander liegende Isobaren

Von diesen beiden Arten müssen Sie besonders die Tiefdruckgebiete im Auge behalten, wenn Sie auf Törn gehen – sie können schlechtes und schweres Wetter bringen.

Der Durchzug eines Tiefdruckgebietes
Ein Tief zieht immer von Westen nach Osten; zuerst trifft die Warmfront ein, gefolgt von der Kaltfront. In einigen Gebieten, besonders auf der Südhalbkugel, ist die Warmfront kaum spürbar, während die Kaltfront umso schlechteres Wetter mit sich bringt.

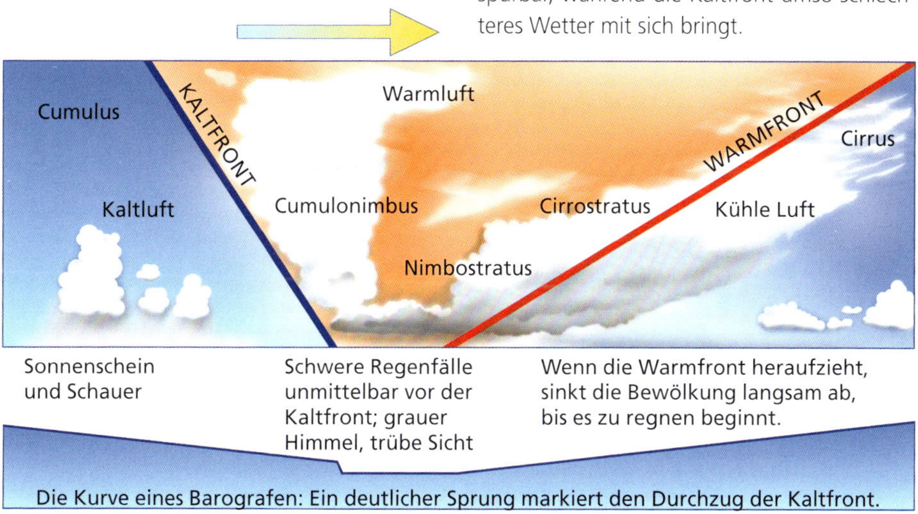

Wolkenarten eines Tiefdruckgebietes

Cumulus	**Niedrige Wolken und Regen**	**Altostratus und Nimbostratus**	**Cirrostratus**	**Cirrus**
Wenn sich die Kaltfront nähert, kann der Luftdruck weiter sinken. Schwerer Regen, Starkwind und Gewitter können auftreten. Der Himmel ist von Cumulus und Cumulonimbus bedeckt.	Im warmen Sektor bleibt der Luftdruck konstant. Die Bewölkung kann aufreißen, die Niederschläge lassen nach. Die Sicht bleibt jedoch schlecht.	Die Bewölkung verdichtet sich weiter und wird durch eine zweite, mittelhohe Wolkenschicht (Altostratus) ergänzt. Die Wolkendecke sinkt tiefer, Nimbostratus bildet sich und es beginnt zu regnen.	Die Cirruswolken verdichten sich nun zu Cirrostratus, der Luftdruck fällt weiter und der Wind beginnt, gegen den Uhrzeigersinn zu drehen (häufig von Südwest auf südliche Richtung).	Wenn sich der Himmel mit hohen Federwolken verschleiert, ist die Warmfront noch etwa 12 bis 24 Stunden entfernt. Das Barometer beginnt zu fallen.

Tipp
Die Art und Weise, mit der der Luftdruck steigt oder fällt, verrät eine Menge darüber, wie sich das Wetter entwickeln wird. Schnelle Veränderung deutet immer auf unruhige Verhältnisse hin. Steigt oder fällt der Druck innerhalb von drei Stunden um 4 hPa (Hektopascal), ist Starkwind zu erwarten. Sind es 6 hPa im gleichen Zeitraum, ist wahrscheinlich ein Sturm im Anzug.

Seewind

Seewind entsteht, wenn sich die Luft über Land bei Tage erwärmt und aufsteigt. Der fallende Luftdruck über Land saugt dann kühlere Seeluft an. Diese Luftbewegung wird Seewind genannt und tritt am Nachmittag an heißen, sonnigen Tagen auf. Er weht immer auflandig, seine tatsächliche Stärke wird jedoch durch die vorherrschende Windrichtung beeinflusst.

Seewind entsteht. Die heiße Luft über Land steigt auf und erzeugt ein Band von Haufenwolken.

Nebel

Auf dem Wasser von Nebel umhüllt zu sein, ist ein beunruhigendes und mitunter gefährliches Erlebnis für Skipper und Crew. Die meisten Nebelarten entstehen, wenn die Luft über dem Wasser sich so stark abkühlt, dass die Luftfeuchtigkeit zu feinen Tröpfchen kondensiert. Die beiden häufigsten Arten sind Küstennebel und Seenebel.

- *Küstennebel:* Der Küstennebel, auch Radiationsnebel, ist ein Bodennebel, der an Land entsteht, wenn sich der warme Boden in klaren Nächten bis unter den Taupunkt abkühlt. Der entstehende Nebel kann dann auf das Wasser hinausgetrieben werden.
- *Seenebel:* Der Seenebel wird auch Advektionsnebel genannt. Er bildet sich, wenn warme, feuchte Luft über einer kälteren Wasseroberfläche liegt, unter den Taupunkt abkühlt und kondensiert.
- *Frontnebel:* Im Bereich einer Warmfront kann ebenfalls Nebel auftreten, wenn sich wärmere Luft über kältere schiebt. Allerdings löst er sich schon nach kurzer Zeit wieder auf.

Die Auswertung von Wetterinformationen

Als Skipper liegt es in Ihrem Aufgabenbereich, sich verlässliche und ausreichende Wetterinformationen zu besorgen. Von Ihnen hängt ab, ob Sie einen Törn unter sicheren Bedingungen antreten können oder ob Sie besser im Hafen bleiben. Achten Sie auch darauf, dass der Wetterbericht, den Sie einholen, wirklich auf dem aktuellsten Stand ist!

Auf vielen Internetseiten findet man inzwischen den aktuellen Seewetterbericht, beispielsweise auf der Homepage des Deutschen Wetterdienstes (www.dwd.de). Der Bericht setzt sich immer zusammen aus der Wetterlage, den Vorhersagen und den Aussichten für eine ganze Reihe von Seegebieten. Dazu kommen Wetterkarten, die Luftdruck, Windstärke und -Richtung, aber auch Temperatur oder sogar Wellenhöhe darstellen. Die Formulierungen des Seewetterberichtes sind einheitlich, dennoch sollte man sich zu Beginn ein paar Berichte durchlesen oder im Radio anhören, um Ihre besondere »Sprache« zu beherrschen.

Die Wetterkarte

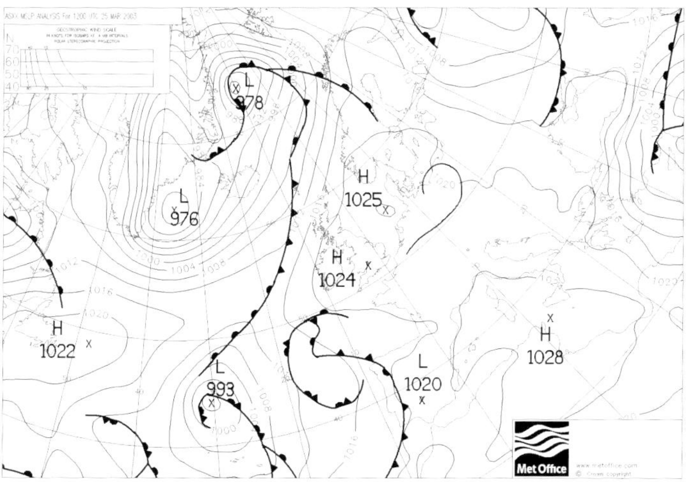

Einige wichtige Hinweise zur korrekten Interpretation einer Wetterkarte:

- Die Linien auf einer Wetterkarte verbinden meist Gebiete mit gleichem Luftdruck. Sie heißen Isobaren.
- Je dichter die Isobaren beieinander liegen, desto höher sind Druckgefälle und Windgeschwindigkeit.
- An den Kontaktzonen von Hoch- und Tiefdruckgebieten können Winde durch die zusätzliche Drehbewegung der Systeme auch stärker auftreten, als es die Isobarendichte vermuten lässt. Berühren sich zwei Tiefdruckgebiete, kann der entgegengesetzte Effekt eintreten – die Winde werden abgeschwächt.
- In dem auf dieser Karte dargestellten Gebiet werden Tiefdruckgebiete in erster Linie in nordöstlicher Richtung ziehen.

Die Suche nach Wetterinformationen

An aktuelle Wetterdaten oder Vorhersagen zu gelangen, ist heutzutage kein Problem mehr, da inzwischen eine ganze Reihe von Informationsquellen zur Verfügung steht.

Internet: Immer populärer wird das Internet als Wetterinformationsquelle. Kein Wunder: Immer mehr Wetterdienste stellen ihre Daten ins Netz, häufig sogar kostenlos. Die Vorhersagen gibt es in klassischer Textform und grafisch aufbereitet als Karten oder Diagramme. Downloads stehen ebenfalls auf vielen Seiten zur Verfügung.

Radio: Fast alle Staaten verbreiten meteorologische Informationen über Radio. Landesweite Sender liefern dabei oft eine generelle Übersicht, wie den klassischen Seewetterbericht. Regionale und lokale Sender gehen oft weiter ins Detail und machen zusätzliche Angaben, wie etwa über Gezeiten, Sichtverhältnisse oder Wassertemperaturen.

UKW-Funk: Die klassische Variante. Auch über Funk wird der Seewetterbericht zu festen Zeiten gesendet. Auch hier gilt wieder, dass die Informationen je nach Revier und Land unterschiedlich detailliert sein können.

Kommerzielle Dienste: Einige Wetterdienste bieten gegen Gebühr auch Telefondurchsage, Faxabruf und den Wetterbericht per SMS für das Handy an. Meistens ist es möglich, die Informationen genau für das benötigte Revier einzugrenzen und somit nur die Daten zu bekommen, die man auch tatsächlich benötigt.

Aushänge im Hafen: Bei den Hafenmeistereien bekommt man in der Regel ebenfalls den aktuellen Seewetterbericht mit Aussichten und Vorhersagen. Außerdem besteht dort die Möglichkeit, im Fall einer Unsicherheit nachzufragen.

Tageszeitung und Fernsehen: Besonders regionale Zeitungen und Fernsehsender können eine erste Quelle für Wetterinformationen sein. Allerdings bekommt man dort nur selten nautisch relevante Angaben wie Windgeschwindigkeiten oder Seegang.

Navtex: Mit einem Navtex-Empfänger können Sie sich den Seewetterbericht ebenfalls an Bord holen. Er liefert ständig aktualisiert offizielle Wetterberichte und Warnnachrichten.

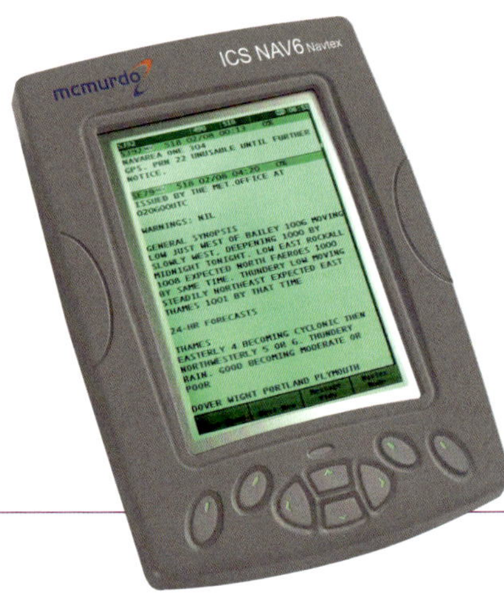

Die Beaufort-Skala

Stärke nach Beaufort	Wind-geschwindigkeit	Bezeichnung	Wellenhöhe	Auswirkungen auf die See
0	0–1 kn (0–2 km/h)	Stille	0 m	glatte See
1	1–3 kn (2–5 km/h)	Leiser Zug	bis zu 0,1 m	kleine Kräuselwellen
2	4–6 kn (6–11 km/h)	Leichte Brise	bis zu 0,3 m	Kleine, kurze Wellen
3	7–10 kn (12–19 km/h)	Schwache Brise	bis zu 0,9 m	Vereinzelt weiße Schaumkronen, Kämme brechen
4	11–15 kn (20–28 km/h)	Mäßige Brise	bis zu 1,5 m	Kleine, aber längere Wellen, mehr Schaumkronen
5	16–21 kn (29–39 km/h)	Frische Brise	bis zu 2,5 m	Wellen schon größer und recht lang, überall Schaumkronen
6	22–27 kn (40–50 km/h)	Starker Wind	bis zu 4 m	Große Wellen, Kämme brechen und hinterlassen Schaumflächen, vereinzelt Gischt
7	28–33 kn (51–61 km/h)	Steifer Wind	bis zu 5,5 m	Der Schaum, welcher sich beim Brechen bildet, fängt an, sich in Streifen gegen den Wind zu legen
8	34–40 kn (62–74 km/h)	Stürmischer Wind	bis zu 7 m	Kämme sehr lang, Gischt weht ab, Schaum liegt in Streifen gegen die Windrichtung
9	41–47 kn (75–88 km/h)	Sturm	bis zu 10 m	Hohe Wellenberge, Schaumstreifen dicht, eingeschränkte Sicht durch Gischt
10	48–55 kn (89–102 km/h)	Schwerer Sturm	bis zu 12,5 m	Sehr hohe Wellenberge mit langen, brechenden Kämmen, schlechte Sicht durch Gischt
11	56–63 kn (103–117 km/h)	Orkanartiger Sturm	bis zu 16 m	Außergewöhnlich hohe Wellenberge, Sicht noch schlechter
12	> 64 kn (≥ 117 km/h)	Orkan	16 m und höher	Luft stark vermischt mit Gischt und Schaum, See vollständig weiß, keine Fernsicht

Tipp

Während das eine Boot Windstärke 4 noch locker wegsteckt, kann der gleiche Wind auf ein anderes Boot schon ganz andere Auswirkungen haben. Gerade deshalb ist es ungeheuer wichtig, die Beschränkungen und Schwachpunkte von Boot und Crew ganz genau zu kennen!

Erfahrung im Deuten von Wetterberichten und Vorhersagen und die selbstständige Einschätzung von vorherrschenden Wetterlagen braucht seine Zeit. Übung macht den Meister: Hören oder lesen Sie möglichst oft den Wetterbericht. Versuchen Sie das Zusammenwirken verschiedener Wettersysteme zu verstehen und überprüfen Sie Ihre eigenen Prognosen dann anhand des nächsten Wetterberichts.

Fahren bei Nacht und eingeschränkter Sicht

Ein Revier, das tagsüber navigatorisch völlig unproblematisch ist, kann nach Einbruch der Dunkelheit völlig anders aussehen. Normalerweise wird ein Törnabschnitt während der Dämmerung oder bei Nacht eingeplant. Manchmal muss man aber auch spontan reagieren können – etwa wenn sich die Passage verzögert oder unsichtiges Wetter mit Nebel oder Regen eintritt. Auch auf diesen Fall sollten Sie immer vorbereitet sein!

Die Planung

- Zeichnen Sie sich eine Skizze, die die wichtigsten Törninformationen und zusätzlich alle Angaben über die Ansteuerung des Zielhafens enthält. Diese Notizen sollten einfach und gut lesbar sein, damit sie auch bei wenig Licht noch entziffert werden können.
- Notieren Sie sich außerdem die Kennungen der Tonnen und Leuchtfeuer auf der Strecke.
- Heben Sie Gefahrenstellen deutlich hervor, damit sie nicht übersehen werden.

- Um nicht verloren zu gehen, sollten Sie einem vorher genau festgelegten Kurs von Wegpunkt zu Wegpunkt bzw. von Tonne zu Tonne folgen.
- Bereiten Sie Boot und Besatzung gut vor. Die Instrumentenbeleuchtung sollte abgedunkelt werden, damit sie nicht blendet und Ihre Nachtsicht einschränkt. Rotlicht ist eine gute Alternative zu Weißlicht.
- Lassen Sie die Besatzung Rettungswesten anlegen und stellen Sie sicher, dass diese mit Notleuchten ausgestattet sind.
- Halten Sie scharf Ausschau, besonders nach unbeleuchteten Fischereimarkierungen und unbefeuerten Tonnen.
- Dauert die Fahrt länger, teilen Sie die Besatzung in Wachen ein.

Eingeschränkte Sicht

Plötzlich auftretender Nebel stellt für Sportboote eine der größten Gefahren überhaupt dar. Ist Nebel vorhergesagt, würde es von unverantwortlichem Leichtsinn zeugen, dennoch auszulaufen. Sollten Sie jedoch bereits auf See sein und vom Nebel überrascht werden, sollten Sie wenden und in Ihren Ausgangshafen zurückkehren. Ist das unmöglich, steuern Sie weiter auf die offene See hinaus, um möglichst weit aus dem Bereich der Hauptverkehrswege herauszukommen. Wie auch immer – als Skipper steht für Sie die Sicherheit Ihrer Crew immer an oberster Stelle. Vergessen Sie das nicht!

Maßnahmen, wenn Sie bereits auf See sind

- Reduzieren Sie die Geschwindigkeit auf wenige Knoten.
- Stellen Sie Ihre genaue Position fest.
- Geben Sie Rettungswesten mit Notlicht aus.
- Bringen Sie einen Radarreflektor an.
- Schalten Sie die Positionsbeleuchtung ein.
- Vergessen Sie nicht das entsprechende Schallsignal – normalerweise ein langer Ton alle zwei Minuten.
- Teilen Sie ein Besatzungsmitglied als Ausguck speziell zum Horchen und Ausschauhalten nach anderen Schiffen ein.
- Sie können zusätzlich alle paar Minuten die Motoren ausschalten, um besser horchen zu können.
- Befinden Sie sich im Bereich eines Fahrwassers oder einer Schifffahrtsstraße, suchen Sie flacheres Wasser auf.
- Natürlich haben Sie auch die Möglichkeit, an geeigneter Stelle zu ankern, bis sich der Nebel hebt.

Ob Sie sich zum Umdrehen entscheiden oder nicht, wird von einer ganzen Reihe von Faktoren abhängen: wie etwa, wo genau Sie sich befinden, wie Ihre Navigationskenntnisse sind oder ob Sie ein Radar oder einen GPS-Kartenplotter an Bord haben. Wenn Sie sich stattdessen entschließen, einen anderen Hafen anzulaufen, machen Sie sich wenn möglich wieder eine Ansteuerungsskizze mit den wichtigsten nautischen Informationen.

Tipp

Es ist immer gut, für den Fall der Fälle gerüstet zu sein. Wenn Sie ein GPS an Bord haben, sollten Sie auch die Wegpunkte zu möglichen Ausweichhäfen entlang der Route schon bei der Törnplanung abspeichern.

Einige Techniken für die Navigation bei Nacht:

Deckungspeilung

Bringen Sie feste Lichter am Ufer in Deckung übereinander und nutzen Sie sie als improvisiertes Richtfeuer für eine Ansteuerung, oder um die Position für einen Kurswechsel zu markieren.

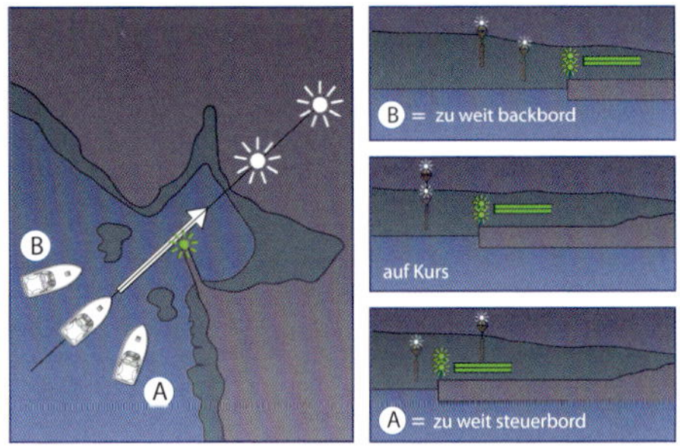

Sicherheitslinien

Wie bei Tag können Sie auch nachts Kurslinien bei der Ansteuerung fester Punkte festlegen, die nicht überschritten werden dürfen, um auf der »sicheren Seite« zu bleiben.

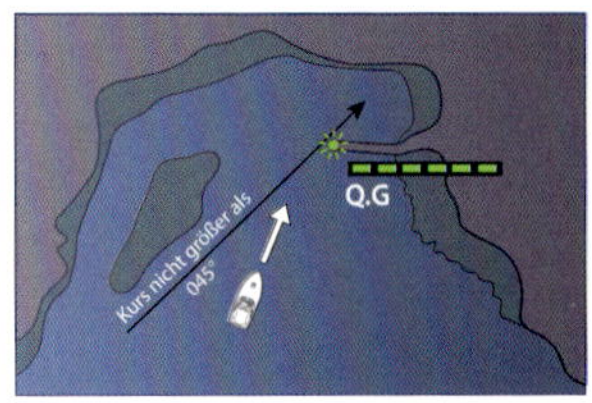

Peilung achteraus

Berechnen Sie nicht nur die Peilungen zu Objekten voraus, sondern auch achteraus – besonders, wenn es sich um helle und besonders gut sichtbare Seezeichen oder Landmarken handelt.

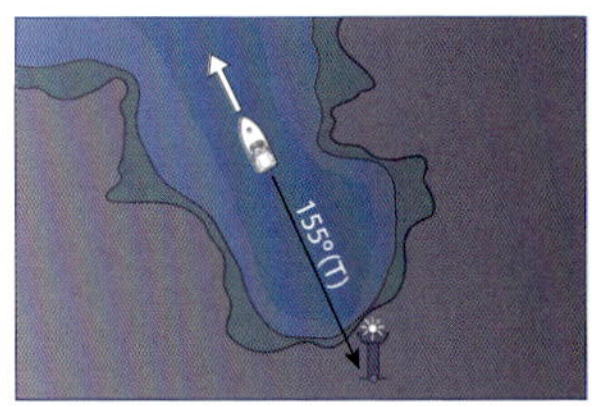

Kursänderung

Wählen Sie Punkte zur Kursänderung, die sich durch Deckungspeilungen (siehe oben) gut identifizieren lassen.

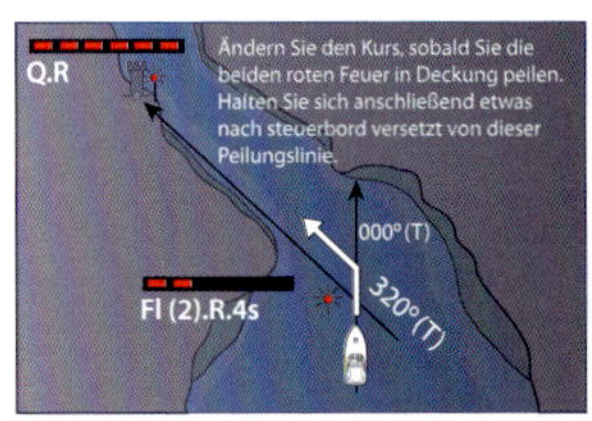

Kurs und Entfernung

Notieren Sie sich die Peilungen bzw. Kurse und Entfernungen zwischen wichtigen Seezeichen. Und vergessen Sie nicht, dass selbst kleine Fehler bei der Berechnung zu großen Fehlern führen können, wenn Sie den nächsten Wegpunkt ansteuern.

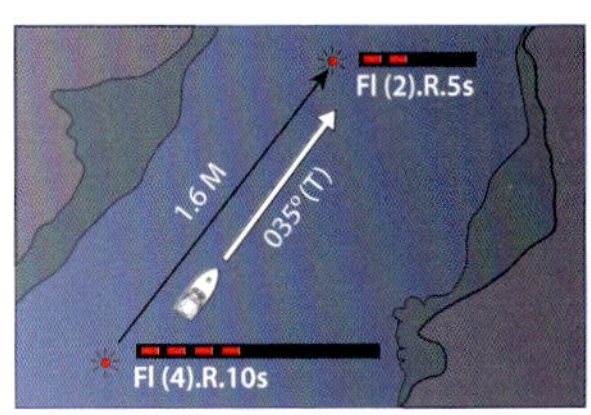

Trailern

Sichern Sie alle Ausrüstungsgegenstände, bevor es losgeht.

Trailern muss keine anstrengende und nervenaufreibende Angelegenheit sein. Mit der richtigen Vorbereitung und ein wenig Erfahrung können Sie Ihr Boot ganz entspannt transportieren.

Was Sie nicht vergessen dürfen:

- Ihr Zugfahrzeug muss der Aufgabe unbedingt gewachsen sein. Das hängt natürlich auch davon ab, wie groß und schwer Boot und Trailer sind. Höchstgrenzen, beispielsweise in Bezug auf das Gesamtgewicht, die Anhängerlast oder die Stützlast, dürfen in keinem Fall überschritten werden.
- Für das Gespann gelten natürlich auch besondere Vorschriften: Hängen etwa 750 kg oder mehr an der Anhängerkupplung, muss der Trailer gebremst sein. Für die Höchstgeschwindigkeit gilt: im Regelfall 80 km/h, mit Sonderzulassung sind aber auch 100 km/h möglich. Liegt Ihr Reiseziel im Ausland, müssen Sie sich auch über die dort geltenden Vorschriften informieren.
- Warten Sie den Trailer regelmäßig! Dazu gehört das Ölen und Schmieren genauso wie die Überprüfung von Bremsen und Beleuchtung.
- Stellen Sie den Trailer korrekt auf das Boot ein: Zurren Sie die Gurte fest und passen Sie

Tragrollen und Stützen genau an, besonders die Bugabstützung. Liegt das Boot zu locker auf, drohen Scheuerstellen. Wenn es zu fest liegt, kann die Stütze brechen! Außerdem sollte der Bootsspiegel in etwa mit der Hinterkante des Trailerrahmens abschließen und das Heck – das mit dem Motor der schwerste Teil des Bootes ist – nicht mehr als 50 cm über die Rollen hinausragen.

- Nach einer langen Fahrt sollten Sie den Trailer mit heißen Radlagern nie sofort ins Wasser fahren, sondern ihn abkühlen lassen.

Die Checkliste

Der große Vorteil des Trailerns ist, dass man relativ schnell auch weiter entfernte Reviere erreichen kann. Wenn es ins Ausland geht, müssen Sie sich vor Reisebeginn nach den Vorschriften in den betreffenden Ländern (auch für Transit) informieren. Einige Regeln gelten jedoch überall. Mit einer Checkliste sind Sie jederzeit im Bilde, was schon erledigt ist und was Sie noch zu tun haben.

Das Gespann

- Zusätzlich benötigen Sie die Versicherungsdokumente für Zugfahrzeug und Trailer,
- die Zulassungspapiere im Original und
- Ersatzglühbirnen für die Blinker, Brems- und Rücklichter, Warndreieck und Warnweste.

Das Boot

- Für das Boot brauchen Sie den Mehrwertsteuernachweis und
- die Versicherungspapiere.
- Außerdem muss klar sein, dass die Versicherung auch das Trailern und den Einsatz im Zielrevier abdeckt.
- Für den Transport von Seenotsignalmitteln gelten besondere Vorschriften. Erkundigen Sie sich vorher genau, was Sie wo und wie mitführen dürfen.

Die Crew

- Stellen Sie sicher, dass der Skipper über die notwendigen Führerscheine und Zeugnisse für das Wunschrevier verfügt. In Deutschland ist dabei besonders der Unterschied zwischen Binnen- und Seewasserstraßen zu beachten.

Schleusen

Gut gefüllt: die Schleuse Canow in Mecklenburg-Vorpommern

Es gibt es eine ganze Reihe von Schleusentypen: Seeschleusen etwa riegeln in Tidengewässern Hafenbecken ab. Sparschleusen kommen auf Kanälen zum Einsatz. Durch ein ausgefeiltes System von Rückhaltebecken »verbrauchen« sie weniger Wasser. Schachtschleusen, Schleusentreppen und Schiffshebewerke wiederum überwinden besonders große Fallhöhen. Verfügt eine Staustufe über zwei parallele Kammern, die im Wechsel betrieben werden können, spricht man von einer Doppelkammerschleuse. Manchmal ist zusätzlich sogar eine spezielle, kleinere Schleuse für Sportboote vorhanden. In Revieren mit geringer Berufsschifffahrt und steigendem Bootstourismus geht der Trend seit einigen Jahren übrigens klar zur halbautomatischen Selbstbedienungsschleuse, die bequem von Bord aus in Gang gesetzt werden kann.

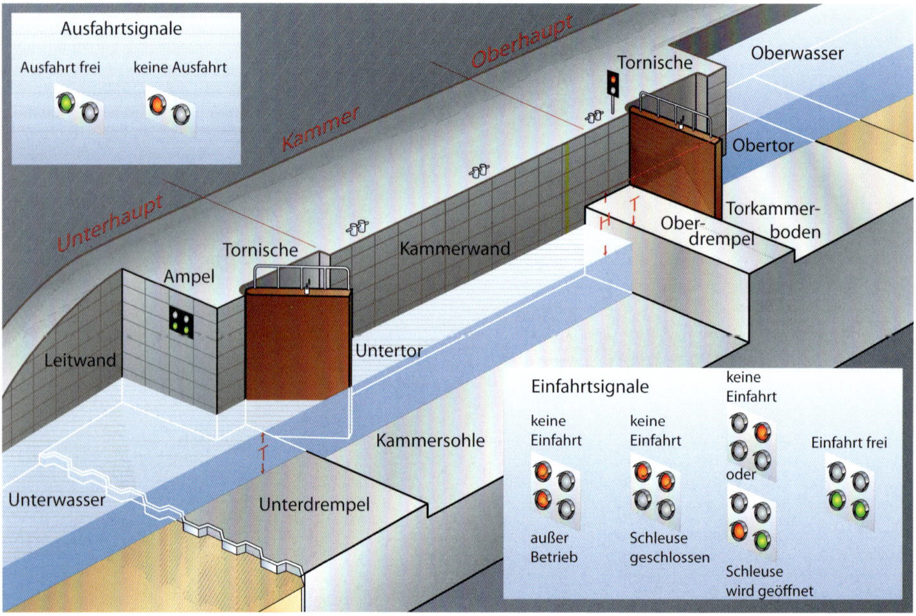

Schleusenkammer und Signale

Die Abbildung zeigt den häufigsten Schleusentyp – eine Kammerschleuse mit sogenannten Stemmtoren. Die Lichtsignale zur Schleuseneinfahrt gibt es zwar in verschiedenen Kombinationen, doch generell gilt: Egal in welcher Paarung die Lichter leuchten, bedeutet Rot immer »Halt!«. Nur Grün allein heißt »freie Fahrt«. Auch die Ausfahrt aus der Kammer wird häufig mit einem grünen Ampelsignal freigegeben.

Die Selbstbedienungsschleuse

Viele Schleusen in den Sportbootrevieren sind inzwischen für den halb automatischen Selbstbedienungsbetrieb ausgelegt. Das bedeutet, dass die Crew die Schleusung von Bord aus selbst einleiten kann, wenn am sogenannten »Anforderungsschalter« gedreht wird. Ein Schleusenwärter ist nicht mehr vor Ort, bei Problemen gibt es jedoch in der Regel eine Rufanlage, und das Gelände wird per Videokamera überwacht. Schleusen dieser Art findet man immer häufiger – entweder als Ersatzneubau oder umgerüstet.

So läuft eine Schleusung ab

Hier sieht man in drei Schritten, wie eine Talschleusung abläuft: Zur Einfahrt aus dem Oberwasser ist das Obertor geöffnet, das Untertor mit seinen Schützen (durch die das Wasser in die Kammer und wieder hinaus gelangt) jedoch geschlossen. Nun werden die Schütze im Untertor geöffnet, Wasser strömt aus, die Kammer leert sich. Der Wasserspiegel sinkt bis auf das Niveau des Unterwassers. Erst wenn der vollständige Ausgleich hergestellt ist, lässt sich das Untertor gegen die Fließrichtung des Gewässers öffnen. Das Boot kann nun aus der leeren Kammer ausfahren.

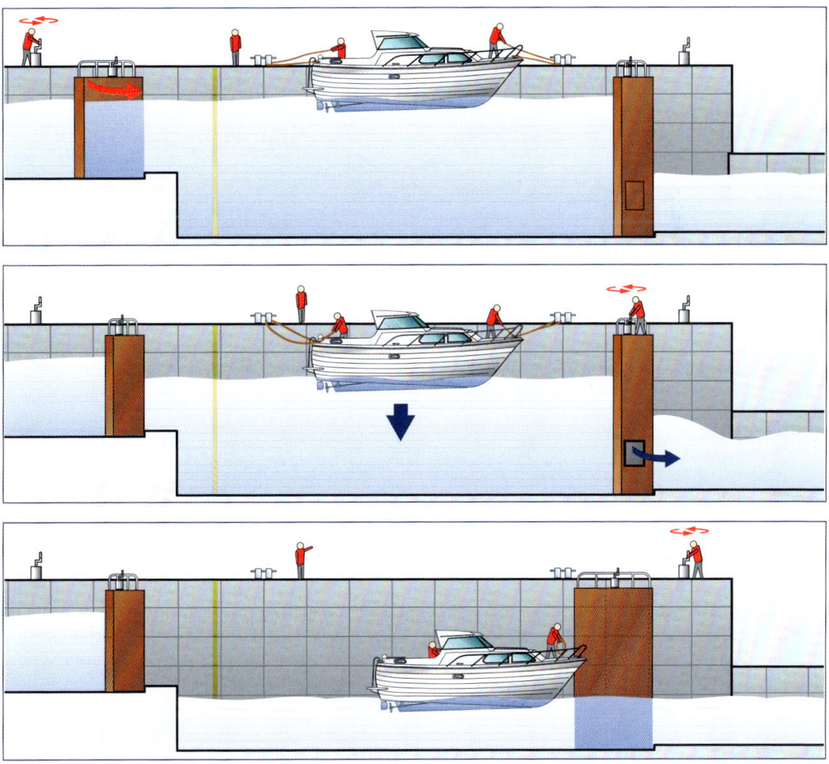

Leinenführung und Hilfsmittel

In der Schleuse legt man die Leinen auf Slip und behält jeweils beide losen Enden an Bord. Man kann sie bei der Talschleusung dann locker laufen lassen, während das Boot sinkt und vor dem Auslaufen leicht einholen. Bootshaken sind beim Schleusen zwar hilfreich, um Leinen über Poller zu legen, aber nur bedingt geeignet, um das Boot auf Position zu halten. Ein kurzer Schleusenhaken, eventuell durch eine Leine gesichert, ist die bessere Alternative, da er sich unter Belastung wesentlich besser unter Kontrolle halten lässt.

Bootskauf

Für die meisten Leute stellt der Bootskauf eine große Investition dar. Im Vergleich zum Kauf eines neuen Autos oder Hauses läuft der Vorgang jedoch verhältnismäßig unkompliziert ab. Auf einige Fallstricke gilt es aber dennoch zu achten.

Wie Sie Ihr Wunschboot finden

- Machen Sie sich vor dem Kauf kundig. Lesen Sie Fachzeitschriften oder schauen Sie sich die Foren im Internet zum Thema an – auf diese Weise können Sie von den Erfahrungen anderer profitieren und sich selbst ein Bild machen, was für ein Boot für Sie am ehesten infrage kommt.
- Fachzeitschriften bieten auch eine Fülle von Bootstests. Interessieren Sie sich für einen älteren Bootstyp, sollten Sie herausfinden, ob auch darüber ein Test veröffentlicht wurde. Ältere Ausgaben der Zeitschriften können meistens nachbestellt werden.
- Haben Sie dann ein Angebot im Blick, sollten Sie genau überprüfen, ob das Boot Ihren Wünschen und Anforderungen auch wirklich entspricht. Denken Sie dabei auch an die Zukunft, damit die neue Anschaffung nicht schon nach kurzer Zeit von wachsenden Ansprüchen überholt wird.
- Lassen Sie sich die Originaldokumente für ein Gebrauchtboot vom Verkäufer zeigen. Dazu gehören der Originalkaufvertrag genauso wie Belege über Wartungs- und Reparaturarbeiten. Eine lückenlos dokumentierte Geschichte ist ein klares Zeichen dafür, dass das Boot gewissenhaft gepflegt wurde.
- Stellen Sie ebenso sicher, dass das Boot dem

Verkäufer tatsächlich noch gehört und nicht möglicherweise als Sicherheit für einen Kredit dient!

- Zusätzlich sollten Sie vor dem Kauf einen Experten zurate ziehen, der den Zustand des Rumpfes und des Motors beurteilen und unter die Lupe nehmen kann. Denn selbst Schäden, die kaum zu sehen sind, können Sie sonst teuer zu stehen kommen, wenn Sie das Boot wie besehen kaufen.
- Wenige Fahrstunden müssen nicht unbedingt ein Vorteil sein. Ein Boot, das regelmäßig gelaufen ist und dafür gut gepflegt wurde, kann wesentlich verlässlicher sein.

Die Versicherung

Versichern Sie das Boot, sobald Sie den Kaufvertrag unterschrieben in der Tasche haben. Viele Sportboothäfen verlangen den Versicherungsnachweis, wenn Sie Ihren neuen Stolz dort als Dauerlieger unterbringen möchten. Sie sollten sich übrigens unbedingt von verschiedenen Versicherungen Angebote einholen, denn auch hier gilt: Wer vergleicht, spart bares Geld!

Die Lagerung

Ein kleines Boot kann man auf dem Trailer parken. Größere Boote können Sie in speziellen Lagern unterbringen, über die viele Marinas verfügen. Dazu gehört der Stellplatz im Freien genauso wie die klimatisierte Halle oder das Hochregal.

Wenn Sie Ihr Boot außerhalb der Saison aus dem Wasser nehmen, brauchen Sie sich weniger um den Bewuchs des Unterwasserschiffes oder des Antriebes zu sorgen.

Die Lagerkosten sind nicht unerheblich und variieren stark. Je dichter am Wasser Ihr Lagerplatz liegt, je größer und bekannter die Marina ist und je komfortabler die Unterbringung Ihres Bootes, desto tiefer müssen Sie in die Tasche greifen. Bequemlichkeit und Sicherheit kann man sich einiges kosten lassen!

Die Bootspflege

Die wichtigen Aspekte gründlicher Bootspflege erklären sich im Grunde von selbst. Hierauf müssen Sie achten:

- Waschen Sie das Boot nach jedem Einsatz im Seewasser mit Frischwasser, um das Salz zu entfernen.
- Wenn möglich, sollten Sie auch den Kühlwasserkreislauf des Motors mit Frischwasser durchspülen.
- Die Batterien sollten auch im Winter unter Spannung gehalten werden. Falls sie nicht an Bord benötigt werden, bauen Sie sie aus, um sie trocken lagern zu können.
- Bestreichen Sie die Batteriekontakte mit Gel, um Korrosion zu verhindern.
- Elektrische Kontakte und Leitungen sollten Sie mit Wasser abweisendem Spray bearbeiten.
- Mit Silikonspray werden der Witterung ausgesetzte Bootsteile widerstandsfähiger.

Warten Sie die Motoren in den vom Hersteller vorgeschlagenen Intervallen. Sind Sie viel unterwegs, sollten Sie aber auch einmal außerplanmäßig nach dem Rechten sehen. Für Boote, die nicht so viel gefahren werden, reichen dagegen meist die Überprüfungen vor und nach der Saison. Auf eine fachgerechte Einwinterung des Bootes sollten Sie außerdem achten!

Register

K

L

M

N

X

Z

So geht's weiter...

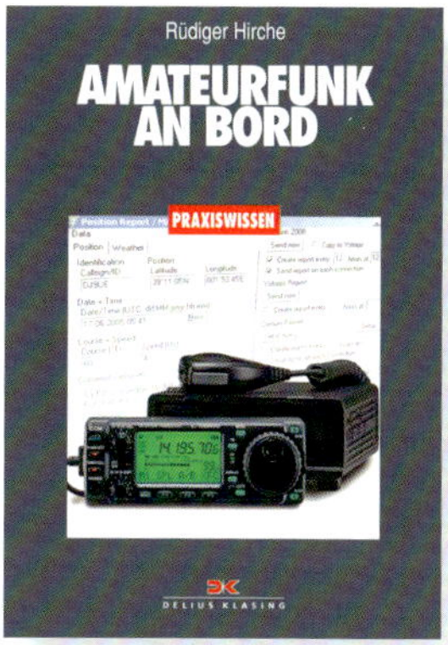

Rüdiger Hirche
Amateurfunk an Bord

ISBN 978-3-7688-1846-9

Claus Reissig
Das ideale Motorboot
Typen - Ausstattung - Zubehör

ISBN 978-3-7688-1962-6

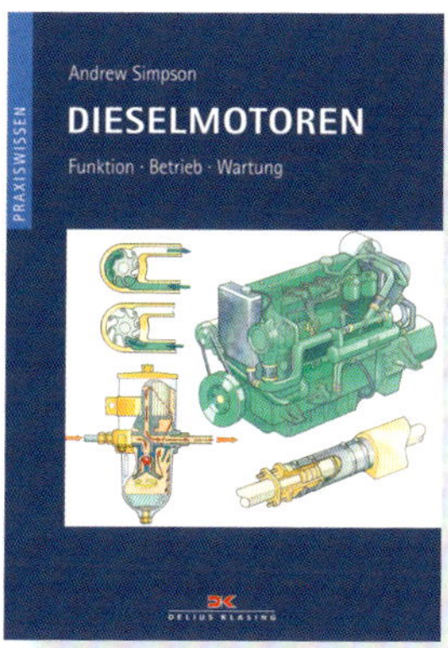

Andrew Simpson
Dieselmotoren
Funktion - Betrieb - Wartung

ISBN 978-3-7688-2415-6

Chris Tibbs
Das Wetter
Ein Handbuch für Wassersportler

ISBN 978-3-7688-2498-9

Erhältlich im Buch- und Fachhandel oder unter www.delius-klasing.de/shop

DELIUS KLASING